DISEÑO DE UNA UNIDAD INSTRUCCIONAL PARA ENSEÑAR DESTREZAS Y CONOCIMIENTOS SOBRE HÁBITOS DE ESTUDIOS UTILIZANDO EL RAZONAMIENTO BASADO EN CASOS

DISEÑO DE UNA UNIDAD INSTRUCCIONAL PARA ENSEÑAR DESTREZAS Y CONOCIMIENTOS SOBRE HÁBITOS DE ESTUDIOS UTILIZANDO EL RAZONAMIENTO BASADO EN CASOS

Ángel Luis Soto Salgado

Número de Control de la Biblioteca del Congreso de EE. UU.:   2015901414
ISBN: Tapa Dura   978-1-4633-9827-9
                   Tapa Blanda   978-1-4633-9828-6
                   Libro Electrónico   978-1-4633-9829-3

Para realizar pedidos de este libro, contacte con:
Palibrio
1663 Liberty Drive
Suite 200
Bloomington, IN 47403
Gratis desde EE. UU. al 877.407.5847
Gratis desde México al 01.800.288.2243
Gratis desde España al 900.866.949
Desde otro país al +1.812.671.9757
Fax: 01.812.355.1576
ventas@palibrio.com
699475

ÍNDICE

LISTA DE TABLAS

HOJA DE APROBACIÓN DE PROYECTO

Certifico que he leído este estudio y que, en mi opinión, se ajusta a los cánones aceptables de disertación académica y es completamente adecuado en propósito y calidad, como Proyecto para el grado de Maestría en Artes en Educación con especialidad en Sistemas de Instrucción y Tecnología Educativa.

DEDICATORIA

A mi esposa Wanda y a mi hijo Alfonso por
todo el apoyo que me han brindado.

AGRADECIMIENTO

Este trabajo fue posible gracias a los consejos y la participación del Dr. José Torres. Su generosidad representa para mi un modelo de vida para todos los maestros y maestras. De la misma forma agradezco toda la colaboración y apoyo del Sr. William Gómez Cedeño. Su atención y cordialidad con mi persona fue muy agradable y significativa. De una manera similar reconozco la colaboración del Sr. José Carrillo. Sus sabios, útiles y precisos consejos sirvieron para darle concreción a este Proyecto. A la Dra. Rosa Ojeda, por facilitarme como asesores a éstos tres extraordinarios seres que contribuyeron a mejorar mis prácticas docentes y por lo tanto, mi calidad de vida. Igualmente es mi deber reconocer el profesionalismo, la gentileza y la cortesía de la mano amiga de la Profa. Sahyly Santos. Con idéntica gratitud quiero distinguir el favor y el apoyo de la Profa. Janet Franco. Y al Profr. Alejandro Rodríguez Pantoja, amigo y camarada por su ayuda y cooperación invaluable.

RESUMEN

Este Proyecto consistió en el uso del Modelo de Diseño Instruccional de Dick & Carey (1996). El cual esta orientado a identificar las destrezas que el estudiante necesita aprender y a la recopilación de datos provenientes de éste para revisar la instrucción. Se usaron las teorías Hacer para saber y Razonamiento basado en casos de Shank, Berman y Macpherson (1999). La meta principal de la teoría Hacer para saber es fomentar el desarrollo de destrezas y el aprendizaje de información en el contexto donde estas van a ser usadas. En esta teoría se ha desarrollado una estructura para la enseñanza llamada Escenario basado en metas. El cual utiliza para enseñar destrezas específicas que se aprenden mejor a lo largo de la interacción humana. Por otro lado la teoría del Razonamiento basado en casos constituye una forma de explicar cómo se aprende desde la infancia hasta la adultez. Es la teoría de cómo las personas recuerdan y cómo utilizan la memoria ordenadamente para resolver problemas.

Estuvo encaminado a determinar las necesidades educativas de los estudiantes de octavo grado que aprobaron la clase de séptimo con un promedio académico que fluctúa entre 0.80 y 1.59. Diseñar, desarrollar, implantar y evaluar lecciones dirigidas a mejorar los hábitos de estudio y el aprovechamiento académico.

Se utilizaron los resultados obtenidos del Análisis de los Informes Estadísticos del Año 1999 al 2000. Se seleccionó un grupo de estudiantes que reunió los requisitos. Se administró un cuestionario sobre hábitos de estudio y basado en los resultados se diseñaron las lecciones conducentes a mejorar los hábitos de estudio. Luego de las lecciones se administró el cuestionario sobre hábitos de studio.

Los resultados obtenidos reflejaron que los estudiantes percibieron un aumento (63%) en comprensión de lectura y las relaciones humanas. Esto está conforme a los propósitos de la estrategia Escenario basado en metas de la teoría Hacer para saber. Los mismos resultados reflejaron que un mayor número de estudiantes (88%) percibieron un aumento en la memoria. Esto está de acuerdo con la teoría Razonamiento basado en casos.

La tarea de educar require mayor atención por parte de las autoridades escolares y los padres.

CAPÍTULO I

Introducción

Contexto del Problema

El propósito de este proyecto es diseñar actividades instruccionales para mejorar los hábitos de estudio y el aprovechamiento académico de los estudiantes de octavo grado de la escuela Mercedes García de Colorado en Cataño.

El alumno sigue siendo el centro de los procesos educativos en el siglo veintiuno, más para los maestros y la escuela la educación continúa figurando como un gran reto. Los procesos de enseñanza y aprendizaje y los métodos de instrucción de la educación en Puerto Rico deben ser adaptados a las necesidades del estudiante y de la comunidad escolar. El nuevo modelo en la educación debe estar basado en la cooperación y la integración curricular al salón de clases. Lo que requiere mayor estudio y preparación por parte del maestro.

El maestro puede utilizar diferentes estrategias en la instrucción: aprendizaje cooperativo, aprendizaje individualizado y una variedad de procedimientos que pueden ser pertinentes cuando el estudiante se involucra en las actividades para solucionar problemas y aprender nueva información. Algunas actividades pertinentes que el estudiante puede realizar son: lectura oral, excursiones, juegos, discusión grupal, dibujos y participar en obras de teatro.

El bajo aprovechamiento académico es la causa de que muchos estudiantes de la escuela pública no puedan leer correctamente en octavo grado. A diferencia de los animales, el ser humano transforma su entorno, adaptándolo a sus necesidades, las reales y las socialmente inducidas, pero termina transformándolo a él mismo y a la sociedad

Adell (1997). En este sentido, podríamos decir que somos producto de nuestras propias acciones. El maestro debe aprovechar las experiencias que traen los estudiantes al salón de clases para construir nuevos conocimientos y desarrollar estrategias que le permitan a éste explorar, descubrir e inventar, mientras realiza sus tareas (Crawford, 1999).

En resumen, para que las actividades educativas en los planteles de enseñanza pública puedan lograr cambios significativos en el aprovechamiento académico del estudiante, la tarea de educar requiere de mayor atención por parte de las autoridades escolares, para que el aprendizaje sea más efectivo.

Justificación

De acuerdo con Yair (2000), las estructuras de la instrucción son altamente poderosas cuanto los estudiantes son académicamente estimulados en unidades instruccionales que son auténticas. En las cuales estos escogen, dirigen y demandan destrezas. Cuando estas características estructurales están ausentes, los estudiantes están aburridos y emocionalmente deprimidos. Estos hechos sugieren que para mejorar los hábitos de estudio y el aprovechamiento académico en la sala de clases, el educador debe facilitar la instrucción variando la naturaleza de la estructura de la enseñanza, dentro del quehacer diario.

Para desarrollar un modelo de hábitos de estudios, este proyecto se plantea la utilización de un método fundamentado en la teoría de la memoria y el aprendizaje llamado Razonamiento basado en casos como base y apoyo para enseñar a través de Escenarios basados en metas (Shank, Berman y Macpherson, 1999), mediante el cual el estudiante aprenderá cómo utilizar el contenido de su material de estudio, mientras realiza sus tareas

Mediante este sistema el estudiante podrá mejorar su actitud hacia los estudios porque se siente motivado y le encuentra pertinencia y significado a la tarea que está haciendo. Podrá realizar tareas que son relevantes para él porque no están divorciadas de su contexto. Podrá desarrollar o mejorar sus relaciones interpersonales porque entiende la necesidad del trabajo colaborativo. En este proyecto se prepararán diferentes materiales de estudio y se mediará para que el estudiante aventajado pueda servir de tutor al menos aventajado, en el momento en que éste necesite ayuda.

Durante el Curso Escolar 1999-2000 un número significativo de estudiantes del séptimo grado de la escuela Mercedes García De Colorado aprobó la clase de Español con un promedio académico que fluctúa entre 0.80-1.59. Esto ha planteado la necesidad de preparar lecciones que puedan mejorar los hábitos de estudio y el aprovechamiento académico de esos estudiantes. Un estudio realizado indica que los estudiantes con buenos hábitos de estudio están motivados a realizar mejor trabajo y a aumentar su sentido de logro (Collazo, 1996).

Los educadores tienen ante sí un gran reto para demostrar sus capacidades creativas, sus destrezas y sus conocimientos como guías cognitivos de sus estudiantes. Este reto para los maestros del sistema de enseñanza pública es mayor aún, porque va a requerir una superior preparación de éstos para presentarse al salón de clases. El maestro de hoy tiene además la necesidad de estar preparado para poder trabajar con estudiantes que provienen de entornos sociales, culturales y económicos diversos.

El educador deberá interesarse por la cultura de donde vienen estos estudiantes, para crear materiales e integrar programas que se adapten a sus necesidades, así como distintos enfoques y técnicas.

"El sistema de educación de Puerto Rico tiene como propósito principal capacitar al individuo para que éste sea útil a sí mismo y a su comunidad, para que conozca sus derechos y deberes de modo que pueda disfrutar de una vida plena. Entre las funciones principales de la escuela se incluyen las de facilitar el desarrollo de capacidades y la canalización de los intereses del individuo. Para que el estudiante pueda tener un aprovechamiento académico aceptable, el proceso de aprendizaje debe fundamentarse en la comunicación efectiva, así como en actitudes positivas y hábitos de estudio adecuados. La escuela debe contribuir a mejorar el proceso de aprendizaje. Es por tanto responsabilidad del maestro propiciar experiencias de aprendizaje que contribuyan al desarrollo del alumno pero se espera que el hogar sea un sistema de apoyo. El estudiante es responsable de conocer y valorizar su vida inmediata y futura con un alto sentido de responsabilidad" Burgos (1991). Por otro lado Ríos (1994), advierte que las sociedades han estado expuestas a cambios vertiginosos y drásticos que demandan que los jóvenes emerjan del periodo escolar competentes y capacitados para resolver sus problemas y los de otros. Se espera que una vez terminados los años de escuela, los jóvenes puedan manejar conflictos y estrés, tomar decisiones y sostener relaciones sociales adecuadas.

Es en la escuela donde además de reforzar los valores y principios que trae el joven del hogar, se le brindan los conocimientos necesarios para su formación y desarrollo integral, personal, social y vocacional.

El diseño de unidades instruccionales para desarrollar destrezas que mejoren los hábitos de estudio y aumenten el aprovechamiento académico de los estudiantes de octavo grado en la clase de Español estará enfocado en las necesidades y habilidades de éstos y les servirá de experiencia para utilizarlas en todas las materias de estudio.

Metas y Objetivos

Metas

Se espera que mediante el diseño de estas unidades, jóvenes de octavo grado de la escuela Mercedes García de Colorado de Cataño, puedan mejorar sus hábitos de estudio y el aprovechamiento académico en la clase de Español.

Objetivos

1- Determinar las necesidades educativas de los estudiantes de octavo grado que aprobaron la clase de Español de séptimo grado con un promedio académico que fluctúa entre 0.80 a 1.59 relativas a sus hábitos de estudio.

2- Diseñar, desarrollar, implantar y evaluar lecciones dirigidas a mejorar los hábitos de estudio y el aprovechamiento académico en la clase de Español.

CAPÍTULO II

Revisión de la literatura

Este capítulo incluye una revisión de las teorías y estudios que apoyan el programa educacional para intervenir con los hábitos de estudio de los estudiantes de octavo grado de la escuela Mercedes García de Colorado en Cataño que tienen un índice académico que fluctúa entre 0.80 a 1.59.

Existe la preocupación de que un alto número de estudiantes poseen deficiencias en los procesos de solución de problemas, tales como: "establecer un propósito, identificar el problema, aclarar el problema a la luz de los objetivos y los obstáculos, recopilar datos sobre el problema, formular una posible solución, conjetura, hipótesis, plan o tesis, jerarquizar las posibles alternativas de solución, llevar a cabo la demostración o prueba de la posible solución, llegar a una conclusión, evaluar los resultados y el proceso", Villarini (1991) y para minimizar el pobre rendimiento se sugiere que se les enseñe destrezas de solución de problemas genéricos: los procesos de reconocer, definir, analizar el problema, seleccionar métodos para recopilar la información y solucionar el problema.

Para Fernández (1994), "estudiar exige habilidades como concentración, comprensión, memorización o saber enfrentarse a un examen". Guerra (1986), resume que el 80% de las dificultades escolares de los estudiantes se deben no tanto a la falta de capacidad mental sino al desconocimiento de las técnicas del trabajo intelectual, tales como organizar un programa de estudio, tomar notas en el salón de clases, comprensión e interpretación de lectura, prepararse para tomar un examen o tener un método de estudio.

Estima Márquez (1990) que elevar el nivel de aprendizaje es fácil si se cuenta con hábitos de estudio bien organizados; sin embargo, es común que los estudiantes no tengan un programa de estudio, acorde con sus necesidades particulares, el cual puede considerarse fundamental para el éxito del alumno. Por ello es necesario identificar las situaciones que facilitan u obstaculizan el aprendizaje, para mejorar los hábitos de estudio y el aprovechamiento académico.

Alude Burgos (1991) que los hábitos de estudio difieren muchas veces de un alumno a otro en lo siguiente: "las preferencias de hora, la cantidad del tiempo utilizado, cuan a menudo estudian, la mecánica del estudio, el ambiente físico, qué les ayuda o perjudica y el tipo de actividades que interfieren con sus estudios".

Por otro lado, cada estudiante es el resultado de distintos factores que han incidido sobre su conducta por lo que los buenos estudiantes contraen compromisos consigo mismos y posponen sus actividades recreativas hasta llevar a cabo su horario de estudio, durante el cual son estrictos y sistemáticos en la realización de las respuestas a las preguntas de sus tareas (Díaz, 1983).

Para Collazo (1996) la contribución de los familiares en el alto rendimiento académico de los alumnos está en que los padres deben inculcar el sentido de la responsabilidad en sus hijos. Jonhson (1998) entiende que es necesario darle a los estudiantes la libertad, responsabilidad y el entrenamiento para que puedan hacer buenas decisiones. Esta habilidad no puede ocurrir en un ambiente sobreprotegido en el que nunca se da la oportunidad de equivocarse. Si la escuela pública no ofrece al estudiante la libertad de escoger materiales educativos y experiencias, ellos los van a conseguir en sus casas, las casas de sus amigos o en la calle. Las escuelas necesitan tener el coraje de parecerse más al mundo real, ahora más que antes porque los jóvenes saben instintivamente donde vivirán. El aprendizaje verdadero ocurre cuando en la práctica el estudiante puede hacer buenas decisiones.

Crawford (1999) por su parte dice que los maestros deben construir estrategias de enseñanza para un aprendizaje en un contexto motivador. Stasz (2000) señala que el centro de actividad está en ir con los jóvenes dentro de su propia comunidad y recolectar materiales que son pertinentes a sus propias vidas que lleven los materiales a la sala de clases donde el maestro y los estudiantes los puedan utilizar para desarrollar destrezas, así conformar los fundamentos de una educación multicultural. Además de que el aprendizaje verdadero es el que produce transformaciones en el comportamiento del estudiante y se fundamenta en la actividad de estudio. Las variaciones en la naturaleza de la instrucción, en el quehacer diario del estudiante, determinan la experiencia del aprendizaje (Yair, 2000).

Según Covington (2000) la calidad del aprendizaje del estudiante, así como su deseo de seguir aprendiendo dependen de la interacción entre la clase de metas sociales y académicas que el estudiante lleva a la sala de clases, la motivación propia de estas metas y las estructuras de recompensa prevalecientes en la sala de clases. Por lo que se puede afirmar que las actividades de enseñanza y aprendizaje deben mostrar pertinencia o relación con la realidad que vive el aprendiz. Malone (1981) afirma que el estudiante que está intrínsecamente motivado dedicará mayor tiempo y esfuerzo a aprender.

Ríos (1994) hace referencia a que los jóvenes que asisten a la escuela intermedia están entre las edades de 12-14 años. Es en esta etapa donde comienza el periodo de la adolescencia, con todos los cambios que la acompañan. Este periodo es uno de autodefinición donde se acentúa la individualidad y retan la autoridad, donde no les gusta ceñirse a horarios rígidos y se les dificulta tomar decisiones. Además los jóvenes en esta edad son sumamente sensibles a las críticas y es cuando también comienzan a experimentar con cigarrillos, alcohol y marihuana.

Conforme a Ríos (1994) cuando el discípulo no sabe, no puede o no quiere valorizar el aprendizaje se convierte en un desertor escolar o en un analfabeta funcional, lee, pero no puede entender lo que ha leído.

El problema de deserción escolar es uno de grandes consecuencias que alcanza su máximo nivel en la escuela intermedia. Los embarazos prematuros, malas notas, mudarse y problemas académicos y personales, son algunas de las razones para abandonar la escuela. Estas personas que abandonan la escuela no tienen las destrezas necesarias para conseguir ni mantener un empleo. Se asocia la falta de escolaridad con el desempleo, la asistencia económica y las actividades delictivas. Los jóvenes que abandonan la escuela son los más propensos a cometer actos delictivos (Ríos, 1994).

Además ésta cuestiona la pertinencia de los métodos de enseñanza para lograr el desarrollo pleno de la personalidad del individuo y cuán conscientes están los maestros de que su función es mayor a la de impartir conocimientos diariamente en la sala de clases.

Según Burgos (1991) la problemática educativa es sumamente compleja, por lo que resulta necesario romper con los patrones tradicionales, para buscar medios que permitan fortalecer la oferta académica. Lo cual traerá como consecuencia el mejoramiento de la educación. La escuela es facilitadora para el desarrollo de capacidades y la canalización de los intereses del individuo. Para que el estudiante pueda tener un aprovechamiento académico aceptable, el proceso de aprendizaje debe fundamentarse en la comunicación efectiva, así como en actitudes positivas y hábitos de estudio adecuados.

Carballada (2000) plantea la necesidad de saber emplear adecuadamente en el momento oportuno los medios audiovisuales al aplicar técnicas y tecnologías en la instrucción, ya que éstos son excelentes asistentes para facilitar y ahorrar tiempo en los procesos de enseñanza y aprendizaje. Estima que los sistemas educativos y de apoyo basados en la tecnología de multimedios pueden acelerar el aprendizaje y permitir a los novatos y principiantes desempeñarse mejor, a la vez que están aprendiendo nueva información y adquiriendo nuevas habilidades. Cates (1992); Dede (1992); Foshay (1991) citados por Carballada documentan los resultados positivos de los multimedios en el aumento de los niveles de motivación y los estilos de aprendizaje en los estudiantes de escuela secundaria.

Marco teórico

El modelo de diseño instruccional de Dick and Carey (1996) que hemos adoptado en este proyecto, intenta enseñar destrezas y conocimientos de modo que puedan facilitar el éxito del estudiante en la transición hacia el trabajo.

El apoyo que le brinda el maestro al aprendiz va dirigido a que éste gradualmente tome control de la situación. Mediante estas acciones el estudiante tiene la oportunidad de profundizar en el análisis de sus propias ejecutorias en un proceso de reflexión y articulación para darle explicación a sus acciones. Los conocimientos que el alumno adquiere mediante la práctica de estas estrategias le sirven para enlazar soluciones a otros problemas aumentando su capacidad para explorar en el orden de lo simple a lo complejo.

Para (Berger y Kam, 1996) el diseño instruccional utiliza las teorías de aprendizaje y de instrucción en el desarrollo sistemático de las especificaciones instruccionales. Es el proceso completo de análisis de las necesidades de aprendizaje y las metas y el desarrollo del sistema para satisfacer esas necesidades. Esto incluye el desarrollo de materiales instruccionales y actividades y la prueba y evaluación de toda la instrucción y actividades del aprendiz.

El modelo de diseño instruccional de Dick and Carey (1996) es el método sistemático para diseñar la instrucción más conocido. Este método es semejante a la lógica utilizada en la ingeniería. El modelo de diseño describe todas las fases de un proceso interactivo que comienza identificando las metas instruccionales y termina con la evaluación sumativa. Este modelo es aplicable para utilizarse en el contexto instruccional desde los grados K-12.

Hacer para saber

La meta principal de esta teoría instruccional es fomentar el desarrollo de destrezas y el aprendizaje de información en el contexto donde estas van a ser utilizadas. Está basada en alguno de los siguientes valores:

* Aprender a hacer tareas (destrezas). No solamente a tener conocimiento de los hechos.
* El aprendizaje ocurre en el contexto de una meta que es relevante, significativa e interesante para el estudiante.
* El conocimiento del contenido es aprendido en el contexto de tareas pertinentes que están estrechamente ligadas a cómo los estudiantes van a utilizarlas en el ambiente fuera de la escuela.

Hay solamente una manera efectiva de enseñar a alguien a realizar algo, es dejándolo hacer. En esta teoría se ha desarrollado una estructura para la enseñanza y el aprendizaje llamada Escenarios basados en metas. Un Escenario basado en metas es una situación para aprender haciendo, en la cual el estudiante persigue la meta practicando tareas específicas y donde el maestro utiliza un contenido de conocimiento de carácter relevante para el estudiante; con el cual puede ayudarlo a lograr sus metas.

Durante las situaciones el estudiante es provisto de enseñanzas en el momento en que las necesita. De esta manera el apoyo o retroalimentación que se le brinda sirve para que este recuerde lo que se le ha enseñado. El Escenario basado en metas puede ser utilizado tanto en caracterizaciones a través de juegos como en ambientes con tecnología de computadoras.

Escenarios basados en metas

Los escenarios basados en metas utilizan para enseñar destrezas específicas que se aprenden mejor a lo largo de la interacción humana o la interacción grupal. Algunas de las destrezas más importantes que debemos aprender para funcionar exitosamente en la sociedad son: comunicación, relaciones humanas y razonamiento. Aprendemos a comunicarnos y a llevarnos bien con otros a través de la interacción día a día. Aprendemos estas lecciones cuando se hacen con el propósito de lograr un objetivo. En nuestro diario vivir estamos constantemente practicando, refinando y descubriendo más destrezas. Como maestros debemos proveer una interacción humana rica para cuando enseñamos estas destrezas. Hay momentos en que la tecnología computadorizada no puede trabajar con estas demandas y en estos casos la forma más efectiva es a través de los escenarios basados en metas.

Estas destrezas no necesariamente, tienen que enseñarse explícitamente como parte del escenario. El estudiante lo puede aprender implícitamente al trabajar con el escenario basado en metas. Si el escenario que se le presenta contiene problemas o situaciones que no se han resuelto, el estudiante va a tener que usar la estrategia de razonamiento para resolverlos.

Para los efectos de este proyecto hemos diseñado un caso, el cual nos presenta unas situaciones para que el estudiante trabajando en grupo; utilizando la comunicación, las relaciones humanas y el razonamiento como base, pueda aprender las destrezas de solución de problemas genéricos: los procesos de reconocer, definir, analizar el problema, seleccionar métodos para recopilar la información y solucionar el problema. El maestro se desempeñará como guía cognitivo y le proveerá retroalimentación al estudiante en el momento en que éste la necesite.

El proceso del diseño del curso tiene cinco pasos:

1. Definir los objetivos de aprendizaje que se van a enseñar en el curso.

   a. Contenido principal (información sobre el campo que el aprendiz va a trabajar).
   b. Comunicación (entrevistando y presentando las destrezas).
   c. Destrezas analíticas (análisis cuantitativo de las tareas).
   d. Destrezas tecnológicas (aplicación de los medios).

2. Este es un modelo real donde la técnica para resolver problemas genéricos: los procesos de reconocer, definir, analizar el problema, seleccionar métodos para recopilar la información y solucionar el problema; requiere el uso de conocimientos adquiridos. Utilizamos la comunicación, las relaciones humanas y el razonamiento como base para la solución de los mismos trabajando en grupos.

3. Analizamos el caso para determinar los asuntos que aparecen en la realidad práctica que requieren que nuestros estudiantes utilicen las destrezas y objetivos específicos de conocimiento.

4. En la metodología que utilizamos, establecemos qué actividades se requieren de nuestros aprendices para que puedan encontrar destrezas específicas de conocimiento y destrezas en general.

5. Para construir una infraestructura global que respalde el objetivo pedagógico y enriquecer el escenario para crear un ambiente más auténtico. Esos elementos incluían el grupo jerárquico de composición:

   a. estudiantes
   b. personal del curso
   c. materiales
   d. recursos de información

Razonamiento basado en casos

Esta teoría desarrollada por (Shank, Berman y Macpherson, 1999), está basada en el desarrollo cognoscitivo y constituye una forma de explicar cómo se aprende desde la infancia hasta la adultez.

La teoría de la memoria y el aprendizaje llamada Razonamiento basado en casos es la teoría de cómo las personas recuerdan y cómo utilizan la memoria ordenadamente para resolver problemas. Cuando el maestro enseña trata esencialmente de ayudar al estudiante a hacerse experto. Para los propósitos de este Proyecto, expertos son las personas que pueden utilizar el conocimiento y ejecutar destrezas de una manera funcional para lograr alcanzar sus metas. En términos del Razonamiento basado en casos, expertos son aquellos que tienen en sus mentes información relevante con la cual pueden dominar lo que están haciendo. El experto puede recordar en el momento oportuno cuando necesita resolver un problema. Las lecciones que el estudiante aprende en un caso pueden ser transferidas a nuevos casos en la medida en que estén relacionados. Los expertos son capaces de organizar sus experiencias de tal modo que pueden encontrar información relevante en el momento en que la necesitan. A esto se le llama indizar. Hay múltiples maneras para indizar las experiencias. Puede ser a través de sonidos, olores, ocurrencias, escenas. No escogemos la manera de indizar, este es un proceso inconsciente.

El aprendizaje ocurre en un proceso de adaptación mediante el cual el ser humano tiene unas expectativas cuando va a realizar una meta o quiere alcanzar algo. Si tiene una expectativa que por causa de errores resulta contraria a lo planificado la llamará falsa expectativa. La cual es una parte importante del proceso de aprendizaje porque presenta una oportunidad para aprender de los errores.

Por el contrario, si no se toma en consideración aprender de la información obtenida en la falsa expectativa y se ignora para lo que se quiere, probablemente se olvide toda la información. La información obtenida de una falsa expectativa debe ser indizada apropiadamente si se va a volver a usar en otra ocasión. De esta manera probablemente el aprendiz exija una explicación. Probablemente revisará ¿qué cosa no estuvo de acuerdo con las instrucciones o requisitos? Construyendo así, una explicación a la causa del problema.

Ahora que tiene la explicación para la falsa expectativa, podrá unir la explicación a la falsa expectativa cuando organice sus experiencias del caso. La explicación indizada, unida a la falsa expectativa, ayudará a hacer las cosas correctamente en la próxima ocasión.

Un ambiente de aprendizaje efectivo es uno que le enseña a los estudiantes a pensar como lo harían los expertos. Los escenarios basados en metas son una forma excelente para que los maestros utilicen el método de escenario básico de destrezas, sin la utilización de la computadora.

CAPÍTULO III

Metodología

Inicialmente, se hizo una solicitud formal al Director de la escuela para realizar el Proyecto (Apéndice A). Se identificó y se hizo una lista de los estudiantes que cualificaban para participar en el Proyecto para mejorar los hábitos de estudio y el aprovechamiento académico utilizando el razonamiento basado en casos; con el propósito de realizarles una entrevista (Apéndice B). Se citó al estudiante por anticipado y se estableció la fecha, hora y lugar de la entrevista para establecer una comunicación efectiva. Se le informó al estudiante el propósito de la entrevista y la naturaleza del proyecto que se estaba realizando. La misma constaba de diez preguntas guías sobre la clase de español. Al finalizar la entrevista se resumió toda la información y se le preguntó al estudiante si estaba de acuerdo con participar en el proyecto. Para el cual tenía que traer una autorización de sus padres (Apéndice C).

Durante el proyecto el estudiante trabajó un caso llamado "El caso de Michael", mediante el cual éste aprendió por inferencias las destrezas de solución problemas genéricos: los procesos de reconocer, definir, analizar el problema, seleccionar métodos para recopilar la información y solucionar el problema; así como el aprendizaje de textos. Las lecciones del curso sirvieron de base para implantar el estudio. Estas lecciones se utilizaron como instrumento de trabajo para mejorar los hábitos de estudio de los estudiantes de Octavo Grado de la Escuela Intermedia Mercedes García de Colorado en Cataño. Las mismas se desarrollaron siguiendo el Modelo de Diseño Instruccional de Dick & Carey (1996).

Este es un modelo de ejecución orientado a:
1. Identificar las destrezas que el estudiante necesita aprender.
2. La recopilación de datos provenientes del estudiante para revisar la instrucción.

Diseño a seguir en el proyecto

Para mejorar los hábitos de estudio y el aprovechamiento académico de los estudiantes de Octavo Grado de la Escuela Intermedia Mercedes García de Colorado en Cataño que tienen un índice académico que fluctúa entre 0.80 a 1.59, se utilizaron las Fases del Modelo de Diseño Instruccional de Dick & Carey.

Determinar la meta instruccional

En el diseño de estas lecciones para mejorar los hábitos de estudio y obtener mejores calificaciones al completar la instrucción, se utilizaron: entrevistas con el estudiante, solución de problemas genéricos, el cuestionario Guía de descubrimiento de David Ellis (1993) y se adaptó como Guía del maestro, el folleto del Programa de Consejería Educativa de Aspira Inc. de Puerto Rico, Revisemos nuestros hábitos de estudio (Apéndice C); con el cual el estudiante recibió las lecciones que le sirvieron de experiencia práctica para desarrollar el cambio que le permitió mejorar sus destrezas académicas.

Análisis de necesidades

Se administró el cuestionario Guía de descubrimiento de David Ellis (1993) el cual consta de 12 premisas, para determinar la necesidad del estudiante. Cada una de las cuales está dividida en 12 ítemes para hacer un total de 96 ítemes. Las premisas del cuestionario son las siguientes: motivación, tiempo dedicado al estudio, habilidad para memorizar, destrezas de lectura, destrezas para tomar notas, destrezas para tomar exámenes, creatividad, relaciones interpersonales, condiciones de salud, situación económica, utilización de recursos para el aprendizaje y metas. Este se le suministró a un grupo de nueve estudiantes de octavo grado, previo a la implantación de las lecciones y cuyo valor es el siguiente:

5	puntos	Si la declaración es cierta siempre o casi siempre.
4	puntos	Si la declaración a menudo es cierta.
3	puntos	Si la declaración a veces es cierta.
2	puntos	Si la declaración pocas veces es cierta.
1	punto	Si la declaración nunca o casi nunca es cierta.

Al finalizar la suma total de cada una de las premisas el estudiante pudo desarrollar una gráfica titulada Tu rueda de descubrimiento la cual representó una oportunidad para que el alumno pudiera reflexionar acerca de lo que consideraba sus propias habilidades, destrezas de estudio y saber donde se encontraba con relación a sus hábitos de estudio al momento de contestar el cuestionario.

El cuestionario no era un examen y sólo tuvo significado para el estudiante, debido a que Tu guía de descubrimiento está diseñada para darle apoyo al estudiante y ofrecerle una evaluación honesta de sí mismo.

El maestro utilizó la teoría de desarrollo cognoscitivo llamada Razonamiento basado en casos de Shank, Berman y Macpherson (1999) para adiestrar al estudiante en cómo utilizar ordenadamente la memoria y el conocimiento para realizar las tareas. De tal forma que éste pudiera resolver su problema de falta de hábitos de estudio, pudiera obtener mejores notas y mejorar el aprovechamiento académico.

Análisis del estudiante y su contexto

En el proyecto para mejorar los hábitos de estudio y el aprovechamiento académico de los estudiantes de octavo grado de la escuela Mercedes García de Colorado en Cataño con un Índice Académico General que fluctúa entre 0.80 y 1.59 en la materia de español, se tomó en cuenta los Informes Estadísticos del Año Académico 1999-2000, la distribución de Notas De Octavo Grado, el Informe De Ausencias, el Informe De Estudiantes Con Problemas

Específicos De Aprendizaje, las Tarjetas Acumulativas y el cuestionario Guía de descubrimiento, de David Ellis (1993).

El estudiante que cualificó para participar en el Proyecto para mejorar los hábitos de estudio y el aprovechamiento académico utilizando el razonamiento basado en casos, vive en una de las comunidades aledañas a la escuela. Se encuentra bajo el nivel de pobreza, fluctúa entre las edades de 13 a 17 años, se ausenta con frecuencia a la sala de clases, tiene rezago académico, ha tenido que repetir clases o el grado y su promedio académico oscila entre 0.80 y 1.59.

Redacción de los objetivos de ejecución

Lección 1
Distribución y organización del tiempo

Dada la lección el estudiante identificará los principios que se deben tener en cuenta al hacer un programa de estudio. En una hoja impresa el estudiante completará su horario de estudio para distribuir y organizar mejor su tiempo de acuerdo a sus preferencias.

Lección 2
Condiciones necesarias para desarrollar buenos hábitos de estudio

Al finalizar la lección el estudiante expresará oralmente y por escrito las ventajas de usar métodos efectivos de estudio. El estudiante enumerará cinco condiciones favorables para que el periodo de estudio sea efectivo. El estudiante enumerará cinco condiciones necesarias para que el estudio sea eficiente.

Lección 3
Concentración y memoria

El estudiante escribirá cinco cosas que debe evitar cuando es hora de estudiar.

Lección 4
Lectura

Al finalizar la clase el estudiante analizará el concepto comprensión de lectura. Diferenciará el concepto interpretación de lectura.

Lección 5

Un método de estudio

Después de la lectura de la lección el estudiante identificará los componentes de un método de estudio efectivo. Explicará oralmente cada uno de los componentes de un método de estudio.

Lección 6

Cómo tomar apuntes

El estudiante producirá una lista detallada de los pasos para tomar notas. Producirá una lista de lo que no debe hacer para tomar notas. Comparará y contrastará ambas listas.

Lección 7

Cómo preparse para los exámenes

El estudiante desarrollará una lista de cotejo que contenga diez aspectos importantes sobre como prepararse para tomar exámenes. Seleccionará las reglas para tomar exámenes de discusión o escritos.

Desarrollo de instrumentos de avalúo

Se realizaron entrevistas. Se administró el cuestionario Guía de descubrimiento de David Ellis (1993) previo a la implantación de las lecciones. Se impartieron siete lecciones que se utilizaron para examinar y evaluar el progreso del estudiante. Se proveyó retroalimentación al estudiante en el momento en que la necesitó. Los instrumentos de evaluación que se utilizaron en las lecciones proveyeron información acerca de la efectividad de la instrucción.

Desarrollo de la estrategia instruccional

La estrategia instruccional estuvo basada en la secuencia de los siguientes componentes:

1- Actividades preinstruccionales

a- Motivar al aprendiz: Ganar la atención utilizando información personal o emocional, haciendo preguntas, creando retos mentales, usando ejemplos de interés humano. Usar información pertinente al aprendiz y su contexto para ayudarlo a entender lo adecuado de las destrezas incluidas en la instrucción. Crear el nivel apropiado en el que el estudiante debe confiar que puede dominar los objetivos de la enseñanza. Que el aprendiz se sienta satisfecho de ser capaz de haber ganado el dominio de nuevas destrezas y poder usarlas con éxito.

b- Informar qué aprenderá: Informarle al aprendiz los objetivos de la instrucción.

2- Presentación de la información

a- Determinar exactamente qué información, conceptos, reglas, y principios se necesitan para presentárselos al estudiante.

b- Facilitar el uso de ejemplos y no ejemplos.

3- Participación del aprendiz

a- Uso de la práctica de la retroalimentación en el proceso de aprendizaje.

b- Proveer actividades pertinentes a los objetivos.

c- Oportunidades para que el estudiante practique lo que el maestro quiere que sea capaz de hacer.

4- Exámenes

a- Hacer preguntas directas en la instrucción.

b- Hacer ítemes lo más específicos posibles que provean la mayor información viable para cuando venga la evaluación formativa.

5- actividades de seguimiento: Decidir que materiales o estrategias van a ser usados como resultado de un nivel de ejecución.

a- Realizar actividades remediativas y de enriquecimiento.
b- Revisar toda la estrategia para determinar cuáles destrezas y nuevas aplicaciones no se han cumplido para darles un apoyo adicional.

Desarrollo de materiales de instrucción

El desarrollo de materiales de instrucción estuvo basado en el desarrollo de la estrategia instruccional. Se determinó la disponibilidad de los mismos y se seleccionaron los mejores para alcanzar los objetivos. Se determinó cuáles de los materiales existentes podían ser adaptados. Se determinó cuáles de los materiales existentes tenían prioridad para usarse.

Diseño y conducción de la evaluación formativa

El diseño y conducción de la evaluación formativa ocurrió durante las fases y entre las fases del diseño instruccional. La idea era poder mejorar la instrucción antes de implantar la versión final. Sirvió para recoger, analizar y revisar los datos obtenidos. Fue conducida para determinar la efectividad de los materiales instruccionales y revisarlos en las áreas que han sido inefectivos: entrevistas, cuestionario Guía de descubrimiento de David Ellis (1993), características del estudiante, diseño de las lecciones y de los ejercicios, retroalimentación y adaptar el folleto del Programa de Consejería Educativa de Aspira Inc. de Puerto Rico.

Revisión de la instrucción

La información recopilada durante la evaluación formativa se utilizó para la revisión de los datos con los cuales se pudieron identificar los problemas potenciales en los materiales de instrucción. Con la información obtenida en los ejercicios del cuestionario que realizó el estudiante, se identificaron las destrezas de estudio con las cuales éste tuvo mayor dificultad al contestar. Se analizó la meta instruccional y las características del estudiante para incorporarlas a la revisión de la instrucción con el propósito de hacer más efectivos los objetivos de ejecución, ítemes y ejercicios como herramientas instruccionales.

Diseño y conducción de la evaluación sumativa

La evaluación sumativa ocurrirá al final de la fase de implantación. Se hará para obtener información de la eficiencia y efectividad de todo el sistema producto del proceso instruccional. Será realizada por personas que no estén participando en el proyecto, con el propósito de decidir si se debe mantener o adoptar la instrucción.

Diseño de la evaluación

Introducción

El bajo aprovechamiento académico de un número significativo de estudiantes que aprobó la clase de Español de séptimo grado, con un promedio fluctuante entre 0.80 y 1.59 durante el Curso Escolar de 1999 al 2000 en la Escuela Intermedia Mercedes García de Colorado de Cataño; ha planteado la necesidad de llevar a cabo por primera vez en dicha escuela, lecciones que puedan mejorar los hábitos de estudio y el aprovechamiento académico de esos estudiantes. Para lo cual se solicitó la debida autorización del Director de la escuela (Apéndice A).

Se identificó al estudiante que cualifica para participar en el Proyecto para mejorar los hábitos de estudio y el aprovechamiento académico utilizando el Razonamiento basado en casos. El mismo vive en una de las comunidades aledañas a la escuela. Se encuentra bajo el nivel de pobreza, fluctúa entre las edades de 13 a 17 años de edad, se ausenta con frecuencia a la sala de clases, tiene rezago académico, ha tenido que repetir clases o el grado y su promedio académico oscila entre 0.80 y 1.59.

Para el diseño de la evaluación se tomaron en cuenta los Informes Estadísticos del Año Académico 1999 al 2000, la distribución de Notas De Octavo Grado, el Informe De Ausencias, el Informe De Estudiantes Con Problemas Específicos De Aprendizaje, las Tarjetas Acumulativas, se realizó una entrevista con el estudiante, se solicitó la autorización de los padres o encargados, se utilizó el cuestionario Guía de descubrimiento de David Ellis (1993), se utilizó el folleto del Programa de Consejería Educativa de Aspira Inc. de Puerto Rico, Revisemos nuestros hábitos de estudio y se diseñaron actividades instruccionales.

Mediante el diseño de la evaluación se espera motivar al estudiante para que desarrolle las destrezas de hábitos de estudio y mejore el aprovechamiento académico. Se espera la recolección de información para la investigación del Proyecto y realizar la evaluación que sirva para la discusión del mismo.

Diseño de la evaluación		
Destrezas	Objetivos	Avalúo
Lección 1: Completar un horario de estudio.	Dada una hoja impresa el estudiante completará su horario de estudio.	Escribe en la hoja de papel impresa las actividades que realizarás de acuerdo con tus preferencias para estudiar
Lección 2: Completar expresiones	Al finalizar la lección el estudiante completará expresiones sobre las ventajas de utilizar métodos efectivos de estudios.	Completa las siguientes expresiones: 1. Algunas de las ventajas de utilizar métodos efectivos de estudio son: a. b. c. d. e. 2. Logramos eficiencia en el estudio cuando… a. b. c.

Lección 3: Redactar oraciones con argumentos	El estudiante redactará cinco oraciones con argumentos.	Escribe cinco oraciones de cinco cosas que debes evitar cuando vas a estudiar.
Lección 4: Llenar espacios en blanco	El estudiante identificará los conceptos comprensión e interpretación de lectura.	Coloca las contestaciones en los espacios en blanco numerados a la derecha.

1. Comprensión es… la la información que te ofrece un libro.
   1. _____

2. Comprensión es saber el … de las palabras.
   2. _____

3. Comprensión es poder… las preguntas qué, cuándo, dónde, quién, cómo y por qué.
   3. _____

4. Usa un … si tienes dudas sobre el uso de una palabra.
   4. _____

5. Asocia las … dudosas con el resto de la oración para sacar el significado.
   5. _____

6. Interpretación es… el mensaje del autor.
   6. _____

7. Interpretación es … por qué el autor llegó a unas conclusiones.
   7. _____

		8. El proceso de interpretación es mucho más complejo que el de… 8. _____
		9. La interpretación es un proceso de … de las ideas que presenta un escritor. 9. _____
		10. Para poder interpretar mejor debemos separar los hechos de las … 10. _____
		11. Para poder interpretar mejor debemos tener en claro el … del autor al escribir el libro. 11. _____
		12. Para poder interpretar mejor debemos … todas las ideas principales que nos presenta el autor. 12. _____
Lección 5: Llenar los espacios en blanco	El estudiante identificará los conceptos examen preliminar, formularse preguntas, ganar información mediante la lectura, hablar para describir o exponer los temas leídos, investigar qué conocimientos ha adquirido.	Coloca las contestaciones en los espacios en blanco numerados a la derecha. 1. Examen preliminar es… 1. _____ 2. Formularse preguntas es leer … 2. _____

		3. Ganar información mediante la lectura es… 3. _____
		4. Hablar para describir o exponer los temas leídos es … 4. _____
		5. Investigar los conocimientos que has aprendido quiere decir … 5. _____
Lección 6: Desarrollar una lista de cotejo para comprobar cómo tomar apuntes	El estudiante desarrollará una lista de cotejo para comprobar la destreza de tomar apuntes.	Examina tu lista de cotejo para que compruebes cómo tomas tus apuntes.
Lección 7: Desarrollar lista de cotejo para comprobar la preparación para tomar un examen	El estudiante desarrollará una lista de cotejo para comprobar su preparación para tomar un examen.	Examina la siguiente lista de cotejo sobre cómo prepararte mejor para tomar un examen.

Nombre: Fecha:

Lista de criterios para los objetivos de ejecución		
Si	No	
—	—	El estudiante relacionó el estudio con sus necesidades.
—	—	Trabajó a un nivel apropiado.
—	—	Produjo algo.
—	—	Ofreció ideas al grupo.
—	—	Ayudó a sus compañeros.
—	—	Escuchó con atención.
—	—	Autoevaluó los resultados de su aprendizaje.

Nombre: Fecha:

Autoevaluación		
Si	No	
—	—	Presté atención.
—	—	Participé en la clase.
—	—	Hice las tareas sin distraerme.
—	—	Ayudé a mis compañeros.
—	—	Esperé mi turno.
—	—	Trabajé en voz baja.

Características del estudiante		
Estudiante: #1 Género: Femenino Edad: 15 años Promedio: D	Estudiante: #2 Género: Masculino Edad: 13 años Promedio: D	Estudiante: #3 Género: Masculino Edad: 14 años Promedio: D No participa en el proyecto
Estudiante: #4 Género: Femenino Edad: 14 Promedio: D	Estudiante: #5 Género: Masculino Edad: 14 años Promedio: D Dejó de asistir a la escuela.	Estudiante: #6 Género: Masculino Edad: 17 años Promedio: D
Estudiante: #7 Género: Masculino Edad: 14 años Promedio: D	Estudiante: #8 Género: Masculino Edad: 14 años Promedio: D	Estudiante: #9 Género: Masculino Edad: 14 años Promedio: D
Estudiante: #10 Género: Masculino Edad: 14 años Promedio: D		

Lecciones

I   Objetivos

A. Contenido principal (información sobre el campo que el aprendiz va a trabajar:

El caso de Michael

Michael tiene dificultades, ha bajado las notas y no se atreve hablar con sus padres por temor a que lo castiguen. Siempre se está preparando para estudiar, pero lo cierto es que drurante el día en su casa no hay nadie, sus padres se encuentran trabajando. Michael, se va para la calle a buscar a sus amigos, para ir a jugar en la cancha. Cuando llega del juego entrada la tarde, encuentra a sus padres, se dispone a estudiar y prende el televisor mientras busca las asignaturas en el bulto. Cuando empieza a estudiar cambia de canal para ver su programa favorito y comienza a hojear rápidamente las páginas de sus libretas. Al finalizar el programa, va a darse un baño, se viste, sale del cuarto y la comida está servida. Después de comer se queda en la sala viendo la televisión hasta las diez de la noche que es la hora de irse a la cama.

En el patio de la escuela un grupo de estudiantes está conversando animadamente. Están hablando de Michael, un muchacho saludable y bien parecido de catorce años que está en octavo grado y ha dejado de asistir a clases durante un mes. Cuando iba a la escuela sus notas eran flojas, no hacía las tareas, cortaba clases y se ausentaba con frecuencia. Los maestros y maestras le decían que podia mejorar sus notas si se presentaba a la escuela con regularidad y mejoraba sus hábitos de estudio. Enviaron varias cartas con Michael a sus padres, pero no hubo respuesta, también enviaron cartas por correo, obteniendo los mismos resultados, sus compañeros de clase dijeron que no sabían donde vivía Michael. Cuando los maestros llamaban por teléfono a su casa, no había nadie.

La trabajadora social tenía tantos casos prioritarios que lo puso en una lista de espera cuando le fue referido. Uno de los maestros estaba gestionando permiso del director de la escuela para que le permitiera visitar la casa de Michael. Mientras tanto en el patio de la escuela…

Decía Javier con semblante triste: _ ¿Se enteraron de lo que le pasó a Michael? Jonathan con voz entrecortada: _ Ya lo sabía. ¡Qué pena me da! María: _lo cogieron por hacer una venta de marihuana en la cancha, pero debe haber sido un error porque él es un muchacho sano. Clara: _ ¡Un error! Si todo el mundo sabía que él estaba tirando. Javier: _ Por falta de consejos no fue porque bastante le dieron los maestros. Clara: _ Él se lo buscó. Jonathan: _ No hables así, Clara. No sabes lo que le pasó. La culpa de todo la tienen sus padres que no se ocuparon de él. Clara: _ A mi me está que lo que él hizo no es por culpa de sus padres. Porque ellos son gente decente y trabajadora. El que se daña es porque quiere. Javier: _ Me dijo mi mamá que ayer se encontró con la mamá de Michael en el supermercado. La señora le dijo a mi mamá que estaba muy molesta por lo que había pasado. Que hoy venía para la escuela. Que los maestros, la trabajadora social y el director eran responsables por lo que le había sucedido a Michael. Que nunca se comunicaron con ellos para informarle sobre la conducta de su hijo y que tampoco quisieron ayudarlo. Clara: _Vámonos, ya sonó el timbre. Jonathan: _ "Chequiamos, corillo".

B. Comunicación (entrevistando y presentado las destrezas)

1- Comunicación
2- Relaciones humanas
3- Razonamiento

C. Destrezas analíticas (análisis cuantitativo del caso)

1- Identificar las partes principales de este caso.
2- Considerarlas desde diferentes puntos de vista.
3- Identificar qué se necesita saber para resolver este caso.
4- Desarrollar un plan de acción para este caso.
5- ¿Cuáles son las posibles soluciones de este plan?

D. Destrezas tecnológicas (aplicación del programa Microsoft Word por parte del maestro)

II Técnicas para resolver problemas genéricos, procesos de: reconocer, definir, analizar el problema, seleccionar métodos para recopilar la información y solucionar el problema.

III Análisis del caso para determinar los asuntos que aparecieron y requieren la aplicación de destrezas y objetivos específicos de conocimiento.

IV Actividades para mejorar los hábitos de estudio

1- Lectura para la discusión del tema Distribución y organización del tiempo.
2- Hoja de papel impresa para distribuir y organizar el tiempo.
3- Lectura para la discusión del tema Condiciones necesarias para desarrollar buenos hábitos de estudio.
4- Ejercicio en hoja de papel impresa para completar expresiones sobre el Método efectivo y la eficiencia en el estudio.
5- Lectura para la discusión del tema Concentración y memoria.
6- El estudiante redactará un mínimo de cinco oraciones sobre cinco situaciones que debe evitar cuando estudia. Redactará un mínimo de tres oraciones sobre tres razones por las cuales se olvidan las cosas.
7- Lectura para discusión sobre el tema Lectura
8- El estudiante colocará las contestaciones correctas sobre espacios provistos en blanco.
9- Lectura para la discusión del tema Un método de estudio
10- El estudiante colocará las contestaciones correctas en los espacios provistos en blanco a la derecha del papel.
11- Lectura para la discusión del tema Cómo tomar apuntes
12- El estudiante colocará correctamente una marca de cotejo sobre el espacio provisto en blanco para comprobar cómo tomar apuntes.
13- Lectura para la discusión del tema Cómo prepararse para tomar un examen.
14 El estudiante colocará correctamente una marca de cotejo sobre el espacio provisto en blanco para comprobar cómo prepararse para tomar exámenes.

V Construcción de una estructura global que respalde el objetivo pedagógico y enriquezca el escenario para crear un ambiente más auténtico. Compuesto por:

1- Equipos que trabajan el caso y las actividades que ejecuta el Estudiante.
2- El personal del curso
3- Guías para las lecciones
4- Recursos de información

Lección 1: Distribución y organización del tiempo

Actividad: Completar un horario de estudio

Horario	Lunes	Martes	Miércoles	Jueves	Viernes	Sábado	Domingo
6:00 a.m.							
7:00 a..m.							
8:00 a.m.							
9:00 a.m.							
10:00 a.m.							
11:00 a.m.							
12:00 m.d.							
1:00 p.m.							
2:00 p.m.							
3:00 p.m.							
4:00 p.m.							
5:00 p.m.							
6:00 p.m.							
7:00 p.m.							
8:00 p.m.							
9:00 p.m.							
10:00 p.m.							

Lección 2: Condiciones necesarias para desarrollar buenos hábitos de estudios

Actividad: Completa las expresiones que aparecen abajo utilizando palabras o frases.

1. Algunas de las ventajas de usar métodos efectivos de estudio son:
    a. _____
    b. _____
    c. _____
    d. _____
    e. _____

2. Logramos eficiencia en el estudio cuando:
    a. _____
    b. _____
    c. _____

Lección 3: Concentración y memoria

Actividad: Redactar oraciones con argumentos

1. Escribe cinco oraciones de cinco cosas que debes evitar cuando vas a estudiar.
   a.
   b.
   c.
   d.
   e.

Lección 4: Lectura

Actividad: Coloca las contestaciones correctas en los espacios provistos en blanco.

1. Comprensión es … la información que te ofrece un libro.   _____

2. Compresión es saber el … de las palabras.   _____

3. Comprensión es poder … las preguntas qué, cuándo, dónde, quién, cómo, por qué.   _____

4. Usa un … si tienes duda sobre el uso de una palabra.   _____

5. Asocia las … dudosas con el resto de la oración para sacar el significado.   _____

6. Interpretación es … el mensaje del autor.   _____

7. Interpretación es … por qué el autor llegó a unas conclusiones.   _____

8. El proceso de interpretación es mucho más complejo que el de …   _____

9. La interpretación es un proceso de … de las ideas que presenta un escritor.   _____

10. Para poder interpretar mejor debemos separar los hechos de las …   _____

11. Para poder interpretar mejor debemos tener claro el … del autor al escribir el libro.   _____

12. Para poder interpretar mejor debemos … todas las ideas principales que nos presenta el autor.   _____

Lección 5: Método de estudio

Actividad: Coloca las contestaciones correctas en los espacios en blanco a la derecha del papel.

1. Examen preliminar es…   _____

2. Formularse preguntas es leer…   _____

3. Ganar información mediante la lectura es…   _____

4. Hablar para describir o exponer los temas
    leídos es…   _____

5. Investigar los conocimientos que has aprendido
    quiere decir…   _____

Lección 6: Cómo tomar apuntes

Actividad: Desarrollar una lista de cotejo para comprobar cómo tomar apuntes

Lista de cotejo para comprobar cómo tomar apuntes		
Si	No	
—	—	¿Anotas el tema de la clase?
—	—	Cuando sacas notas de un libro ¿anotas el nombre del capítulo o número?
—	—	Cuando sacas notas de un libro ¿escribes el número de las páginas?
—	—	Cuando tomas apuntes en la clase ¿intentas copiar todo lo que dice el maestro?
—	—	¿Repasas tus apuntes después de clase?
—	—	¿Subrayas en el libro para aclarar y ampliar la información de las notas?

Lección 7: Cómo prepararse para tomar un examen

Actividad: Desarrollar lista de cotejo para comprobar la preparación para tomar un examen

Lista de cotejo sobre cómo prepararse para los exámenes		
Si	No	
—	—	¿Estudio diariamente las asignaturas?
—	—	¿Hago un repaso especial antes del examen?
—	—	¿Organizo un horario de repaso para las pruebas?
—	—	¿Repaso las notas que he tomado en clase?
—	—	¿Repaso las ideas importantes de los subrayados que he hecho en el libro?
—	—	¿Reviso los "quizzes" corregidos?
—	—	¿Hago nuevas anotaciones?
—	—	¿Recito las ideas más importantes que quiero recordar?
—	—	¿Realizo periodos cortos de repaso?
—	—	¿Dedico más tiempo a aquellos temas o ideas que no domino adecuadamente?

CAPÍTULO IV

Resultados

De acuerdo al Plan De Trabajo Consolidado de 2000 a 2001 de la escuela Mercedes García de Colorado del Distrito Escolar de Cataño, el análisis de la Distribución de Notas del Curso 1999 a 2000 reflejó que solamente el 58% de una población escolar que fluctúa entre 471 y 491 estudiantes obtuvo notas de A, B, y C, como calificación final de las materias básicas.

En estos informes se revela que de un total de 491 estudiantes en la clase de Español el 35% obtuvo un promedio de 0.80 a 1.59 D. En la clase de Inglés de un total de 480 estudiantes, el 40% obtuvo un promedio de 0.80 a 1.59 D. En la clase de Matemáticas de un total de 477 estudiantes, el 34% obtuvo un promedio de 0.80 a 1.59 D. En la clase de Ciencias de un total de 477 estudiantes, el 28% obtuvo un promedio general de 0.80 a 1.59 D. En la clase de Estudios Sociales de un total de 471 estudiantes, el 24% obtuvo un promedio de 0.80 a 1.59 D.

El informe demuestra que el 32% de la matrícula estudiantil tiene un promedio que fluctúa entre 0.80 a 1.59 D. De los cuales el 53% pertenece al género masculino y el 47% al género femenino.

Por otro lado el mismo informe nos revela que de un total de 181 estudiantes del séptimo grado en la clase de Español, el 31% obtuvo un promedio de 0.80 a 1.59 D. En la clase de Inglés de un total de 184 estudiantes, el 34% obtuvo 0.80 a 1.59 D. En la clase de Matemáticas de un total de 185 estudiantes, el 32% obtuvo 0.80 a 1.59 D. En la clase de Ciencias de un total de 176 estudiantes, el 36% obtuvo 0.80 a 1.59 D. En la clase de Estudios Sociales de un total de 179 estudiantes el 13% obtuvo un promedio de 0.80 a 1.59 D.

El informe revela que el 29% de la matrícula estudiantil del séptimo grado que ingresó al octavo grado en el nuevo curso escolar de 2000 a 2001, tiene un promedio general de 0.80 a 1.59 D, en las materias básicas.

Asimismo el informe del Plan De Trabajo Consolidado de 2000 a 2001 declara que el Estudio Socioeconómico efectuado en septiembre de 1999 reflejó que un 91% de los estudiantes que asisten a la escuela Mercedes García de Colorado están bajo el nivel de pobreza. Por lo que los estudiantes esperan que la escuela sea el medio para satisfacer sus necesidades, debido a que su condición económica los limita para participar en actividades de carácter educativo, cultural, tecnológico y social.

Los hallazgos de este informe demuestran la necesidad de reducir significativamente el por ciento de estudiantes con promedio de 0.80 a 1.59 D. Para ello nos dimos a la tarea de diseñar siete lecciones utilizando el Modelo de Diseño Instruccional de Dick & Carey (1996) y el Marco de la Teoría Aprender haciendo de Shank, Berman y Macpherson (1999). Se realizaron entrevistas con los candidatos y se administró un Pre cuestionario y Post Cuestionario sobre destrezas de estudio.

Administración de los cuestionarios

Prueba con grupo piloto

Se administró el cuestionario sobre hábitos de estudio a veintinueve estudiantes de octavo grado entre las edades de trece a dieciséis años, catorce del género masculino y quince del género femenino (Ver Tabla I), con el propósito de comparar los resultados que se obtendrían en el grupo piloto, con los resultados que se obtendrían en el grupo pequeño que estaría expuesto a las siete lecciones para mejorar los hábitos de estudio. Los resultados obtenidos indican que el género femenino obtuvo puntuaciones más altas que el género masculino en ocho de las doce premisas del cuestionario. Excepto en las premisas sobre motivación, exámenes, creatividad y dinero. Estos mismos resultados nos revelan que el género femenino obtuvo las puntuaciones más bajas en las doce premisas.

En la premisa sobre motivación la puntuación mayor es treinta y siete y la obtuvo un varón frente a la puntuación menor que es de trece, siendo del género femenino la persona que la obtuvo. En la premisa sobre tiempo la puntuación mayor es treinta y siete, pertenece al género femenino y la puntuación menor es de catorce y pertenece al género femenino. En la premisa sobre memoria la puntuación mayor es treinta y siete, pertenece al género femenino. La puntuación menor es catorce y pertenece al género femenino. En la premisa sobre lectura la puntuación mayor es treinta y siete y pertenece al género femenino. La puntuación menor es ocho y pertenece al género femenino. En la premisa sobre apuntes la

Tabla I
Tabla de resultados del cuestionario sobre hábitos de estudios por área para cada estudiante administrado a grupo piloto

Estudiante	Motivación	Tiempo	Memoria	Lectura	Apuntes	Exámenes	Creatividad	Relaciones	Salud	Dinero	Recursos	Propósito
1	22	23	23	24	20	29		26	31	28	36	23
2	30	27	25	28	29	25	29	29	29	29	22	16
3	20	15	14	23	25	23	22			27	29	28
4	37	36	35	30	34	34		31	24	23	20	32
5	30	29	26	29	32	28	30	31	30	29	22	16
6	30	27	22	23	22	20	16	20	20	22	16	16
7	36	31	35	30	30	30	33	36	36	32	37	30
8	29	34	37	33	34	34	39	39	36	35	30	39
9	28	29	32	11	18	34	39	37	40	39	37	39
10	25	20	33	26	21	26	24	29	33	26	39	36
11	37	27	28	34	39	40	14	36	31	28	22	28
12	26	22	23	14	35	20	27	33	27	24	28	26
13	36	37	33	23	36	32	34	29	36	33	17	34
14	23	24	26	28	28	34	29	28	23	33	28	33
15	33	25	21	33	21	25	19	25	15	25	36	21
16	33	18	23	18	17	30	21	38	34	25	30	25
17	21	33	37		35	32	37	33	31	31	35	32
18	19	18	29	19	31	29	29	31	28	38	32	33
19	19	21	29	27	25	38	32	38	38	40	29	39
20	22	33	34	29	28	31	35	33	38	38	34	31
21	32	33	37	37	31	37	33	35	36	33	39	40
22	25	26	20	15	24	30	26	28	24	26	26	29
23	23	27	14	27	28	26	26	23	29	26	26	40
24	28	28	29	28	28	28	29	28	28	15	20	25
25	13	14	20	8	17	10	12	11	12	11	20	13
26	25	25	14	15	22	30	26	28	29	15	8	25
27	31	17	36	25	28	28	39	37	38	36	26	40
28	13	14	20	8	15	14	12	12	14	11	9	25
29	29	19	14	20	24	32	31	36	25	24	27	12

puntuación mayor es treinta y seis y pertenece al género femenino. En la premisa sobre exámenes la puntuación mayor es cuarenta y pertenece al género masculino. La puntuación menor es diez y pertenece al género femenino. En la premisa sobre creatividad la puntuación mayor es de treinta y nueve y la obtuvo un varón. La puntuación menor es doce y la obtuvo una persona que pertenece al género femenino. En la premisa sobre relaciones la puntuación mayor es treinta y nueve y la obtuvo una persona del género femenino. La puntuación menor es once y la obtuvo el género femenino. En la premisa sobre salud la puntuación más alta fue cuarenta y la obtuvo una persona del género femenino. La puntuación más baja es doce y la obtuvo una persona del género femenino. En la premisa sobre dinero la puntuación más alta es cuarenta y la obtuvo una persona del género masculino. La puntuación menor es once y la obtuvo una persona del género femenino. En la premisa sobre recursos la puntuación más alta es treinta y nueve y la obtuvo una persona del género femenino. La puntuación más baja es ocho y la obtuvo una persona del género femenino. En la premisa sobre propósito en la vida la puntuación más alta es cuarenta y la obtuvo una persona del género femenino. La puntuación más baja es doce y la obtuvo una persona del género femenino.

Pre cuestionario

Se administró el Pre cuestionario a nueve estudiantes de octavo grado. El grupo estaba compuesto por tres personas del género femenino y seis del género masculino entre las edades de trece a diecisiete años (Véase Tabla II).

Tabla II

Tabla de los resultados de las respuestas al cuestionario sobre hábitos de estudios antes y después de la lección

Estudiante	Motivación		Tiempo		Memoria		Lectura		Apuntes		Exámenes		Creatividad		Relaciones		Salud		Dinero		Recursos		Propósito	
	Pr	Ps	Pr	Ps	Pr	Ps	Pr	Ps	Pr	Ps	Pr	Ps	Pr	Ps	Pr	Ps	Pr	Ps	Pr	Ps	Pr	Ps	Pr	Ps
Alvarez	38	36	35	36	32	33	37	37	37	37	33	37	33	37	31	38	35	36	29	34	33	36	37	38
Bernard	35	26	28	26	23	24	28	18	23	24	18	24	25	26	16	25	40	29	28	27	21	24	22	23
Colón	32	28	29	31	13	20	29	30	31	27	29	27	15	22	29	31	31	30	28	27	28	30	28	33
Martínez																								
Meléndez	24		31		23		25				28		29		28		24		27		24		26	
Molina	26	22	26	20	19	19	17	16	18	15	19	15	15	15	19	20	26	18	27	21	21	19	22	23
Nazario	31	32	32	28	29	34	26	30	30	23	29	23	29	28	29	27	31	32	27	29	28	28	32	32
Pagán	21	21	21	16	21	23	11	15	13	20	21	20	17	20	26	23	21	21	19	29	19	12	13	17
Rivera, C.	24	25	30	25	22	26	16	17	23	28	30	28	30	28	36	34	29	29	27	27	28	27	26	25
Rivera, H.	24	27	26	27	26	28	27	25	27	27	24	27	25	28	25	27	27	26	27	27	27	28	27	28

Nota. Pr = pre prueba; Ps = post prueba.

Los resultados obtenidos indican que el género femenino obtuvo puntuaciones más altas que el género masculino en once de las doce premisas del estudio, excepto en la premisa de relaciones personales. Estos mismos resultados nos dicen que el género masculino obtuvo puntuaciones más bajas en nueve de las doce premisas del estudio, excepto en las premisas sobre memoria, relaciones personales y preparación para tomar exámenes.

En la premisa sobre motivación la puntuación más alta fue de treinta y ocho, frente a la menor que fue veintiuno. En la premisa sobre tiempo dedicado al estudio, la puntuación mayor es de treinta y cinco, frente a la puntuación menor que fue de dieciséis. En la premisa sobre memoria la puntuación mayor fue treinta y dos, frente a la menor que fue de trece. En la premisa sobre lectura la puntuación mayor fue treinta y seis, frente a la puntuación menor que fue once. En la premisa sobre apuntes la puntuación mayor fue treinta y siete frente a la puntuación menor que fue trece. En la premisa sobre preparación para tomar exámenes la puntuación mayor fue treinta y tres frente a la menor que fue dieciocho. En la premisa sobre creatividad la puntuación mayor fue treinta y tres y la puntuación menor quince (esta puntuación estuvo compartida por ambos géneros). En la premisa sobre relaciones personales, la puntuación más alta fue treinta y seis y la puntuación menor dieciséis. En la premisa sobre salud, la puntuación más alta fue treinta y cinco y la menor veintiuno. En la premisa sobre dinero, la puntuación más alta fue veintinueve y la menor veintiuno. En la premisa sobre recursos, la puntuación más alta fue treinta y tres y la menor diecinueve. En la premisa sobre propósito en la vida la puntuación más alta fue treinta y siete y la menor trece.

Post cuestionario

Se administró el Post cuestionario a ocho estudiantes de octavo grado, cinco del género masculino y tres del género femenino que componen el grupo del Proyecto para mejorar los hábitos de estudio. Los resultados obtenidos en el Post cuestionario indican que el género femenino obtuvo las puntuaciones mayores en once de las doce premisas, excepto en la premisa sobre memoria. Las puntuaciones más bajas las obtuvo el género masculino en las doce premisas.

En la premisa sobre motivación, la puntuación más alta fue treinta y seis y la más baja veintiuno. En la premisa tiempo, la puntuación más alta fue treinta y seis y la menor trece. En la premisa sobre memoria, la puntuación más alta fue treinta y cuatro y la menor diecinueve. En la premisa sobre lectura, la puntuación más alta fue treinta y siete y la menor quince. En la premisa sobre apuntes, la puntuación más alta fue treinta y siete y la menor quince. En la premisa sobre exámenes, la puntuación mayor fue treinta y siete y la menor quince. En la premisa sobre creatividad, la puntuación mayor fue treinta y siete y la menor quince. En la premisa sobre relaciones personales, la puntuación mayor fue treinta y ocho y la menor veinte. En la premisa sobre salud, la puntuación mayor fue treinta y seis y la menor dieciocho. En la premisa sobre dinero, la puntuación mayor fue treinta y cuatro y la menor diecinueve. En la premisa sobre recursos, la puntuación mayor fue treinta y seis y la menor doce. En la premise sobre propósito en la vida, la puntuación más alta fue treinta y ocho y la más baja diecisiete.

Pre cuestionario vs. Post cuestionario

Luego del tratamiento con las siete lecciones para mejorar los hábitos de estudio, cuatro estudiantes disminuyeron en la premisa sobre motivación, tres del género femenino y uno del género masculino. Tres del género masculino aumentaron la motivación. En la premisa sobre tiempo disminuyeron la puntuación cinco estudiantes, una del género femenino y cuatro del género masculino. Mejoraron tres estudiantes, dos del género femenino y uno del género masculino. En la premisa sobre memoria mejoraron siete estudiantes, tres del género femenino y cuatro del género masculine otro del género masculino se quedó igual. En la premisa sobre lectura mejoraron seis estudiantes, dos del género femenino y cuatro del género masculino. En la premisa sobre apuntes mejoraron tres estudiantes, uno del género femenino y dos del género masculino. Dos estudiantes no variaron su puntuación, uno del género femenino y otro del género masculino. En la premisa sobre exámines tres estudiantes mejoraron, dos del género femenino y uno del género masculino. Cinco estudiantes disminuyeron, uno del género femenino y cuatro del género masculino. En la premisa sobre creatividad cinco estudiantes mejoraron, tres femeninas y dos masculinas. Un estudiante del género masculino no varió la puntuación. Dos estudiantes del género masculino disminuyeron la puntuación. En la premisa sobre relaciones personales, cinco estudiantes mejoraron, tres femeninas y dos masculinos. Tres estudiantes del género masculino disminuyeron. En la premisa sobre salud dos estudiantes mejoraron, uno femenino y uno masculino. Tres se quedaron igual, todos masculinos. Tres disminuyeron, dos femenino y uno masculino. En la premisa sobre dinero dos estudiantes mejoraron, uno femenino y uno masculino. Uno se mantuvo igual. Cuatro disminuyeron, uno femenino y tres masculinos. En la premisa sobre recursos tres estudiantes aumentaron, dos femeninas y uno masculino. Uno del género masculino no contestó. Tres estudiantes del género masculino disminuyeron. En la premisa sobre propósito en la vida cinco aumentaron, dos del género femenino y tres del género masculino. Uno del género masculino se quedó igual. Dos estudiantes disminuyeron, uno del género femenino y uno del género masculino.

Para mejorar los hábitos de estudio y el aprovechamiento académico de los estudiantes que tienen un promedio que fluctúa entre 0.80 a 1.59 D, en la clase de Español, nos dimos a la tarea de diseñar siete lecciones en orden de secuencia: Distribución y organización del tiempo, Condiciones necesarias para desarrollar buenos hábitos de estudio, Concentración y memoria, Lectura, Un método de estudio, Cómo tomar apuntes y Cómo prepararse para tomar exámenes; utilizando como base los temas del folleto de Aspira de Puerto Rico Revisemos nuestros hábitos de estudio (Apéndice F) y la Guía de descubrimiento de Ellis (1993). En este capítulo se encuentran una serie de tablas que demostrarán la ejecución de los estudiantes a través del pre cuestionario y el post cuestionario (Ver Tablas III, IV y V). Al Modelo de Diseño Instruccional de Dick & Carey (1996) incorporamos la Teoría Hacer Para Saber de Shank, Berman y Macpherson (1999) cuya meta principal es apoyar las destrezas de desarrollo y el aprendizaje de cómo se puede utilizar la información en un contexto real. Hay solamente una manera efectiva de enseñar a alguien a hacer algo y es dejándolo hacer.

Tabla III
Tabla de comparación pre prueba del grupo pequeño vs. la prueba en el grupo grande

	Más alta grupo Pequeño	Más alta grupo grande	Más baja grupo Pequeño	Más baja grupo grande
Motivación	38	37	21	13
Tiempo	35	36	16	14
Memoria	32	37	13	14
Lectura	35	37	11	8
Apuntes	37	35	15	15
Exámenes	33	40	18	10
Creatividad	33	39	15	12
Relaciones	36	39	16	11
Salud	35	40	21	12
Dinero	29	40	21	11
Recursos	33	39	12	8
Propósito	40	40	13	12

Tabla IV

Tabla de comparación post prueba del grupo pequeño vs. prueba del grupo grande

	Más alta grupo Pequeño	Más alta grupo Grande	Más baja grupo Pequeño	Más baja grupo grande
Motivación	36	37	21	13
Tiempo	36	36	13	14
Memoria	34	37	19	14
Lectura	36	37	11	8
Apuntes	37	35	13	15
Exámenes	37	40	15	10
Creatividad	37	39	15	12
Relaciones	38	39	20	11
Salud	36	40	18	12
Dinero	38	40	19	11
Recursos	36	39	14	8
Propósito	38	40	17	12

Tabla V

Número de estudiantes que mejoraron, se quedaron igual o disminuyeron en los resultados sobre hábitos de estudios

Itemes	Mejoraron	Igual	Disminuyeron	Total
Motivación	3	1	4	8
Tiempo	3		5	8
Memoria	7	1		8
Lectura	5	3		8
Apuntes	3	2	3	8
Exámenes	3		5	8
Creatividad	5	1	2	8
Relaciones	5		3	8
Salud	2	3	3	8
Dinero	2	1	4	7
Recursos	3		3	6
Propósito	5		2	7

CAPÍTULO V

Discusión, Conclusiones Y Recomendaciones

El propósito de este proyecto fue diseñar, desarrollar, implantar y evaluar lecciones dirigidas a mejorar los hábitos de estudio y el aprovechamiento académico en la clase de Español de los estudiantes con un promedio académico que fluctúa entre 0.80 a 1.59 D. También mencionará las implicaciones para los maestros, padres y estudiantes y hará algunas recomendaciones en forma de lecciones.

De acuerdo con los resultados obtenidos en las pre prueba y post prueba representados en la Tabla II, los estudiantes que participaron en el Proyecto para mejorar los hábitos de estudio y el aprovechamiento académico aumentaron 38% en la premisa sobre motivación, aumentaron 38% en la premisa sobre tiempo, progresaron 88% en la premisa sobre memoria, prosperaron 63% en la premisa sobre comprensión de lectura, aumentaron el 38% en la premisa sobre cómo tomar apuntes, adelantaron 38% en la premisa sobre como prepararse para tomar exámenes, prosperaron 63% en la premisa sobre creatividad, prosperaron el 63% en la premisa sobre relaciones personales, aumentaron el 25% sobre la premisa de salud, el 25% mejoró en la premisa sobre dinero, el 50% adelantó en la premisa sobre recursos y el 57% prosperó en la premisa sobre propósito en la vida.

Las implicaciones que esto tiene para los maestros es que deben prepararse mejor, para llegar al nivel de los estudiantes de una forma sencilla y clara. Siempre motivándolos para que éstos se creen unas metas y logren mejorar sus hábitos de estudio y el aprovechamiento académico.

El proponente sugiere que el estudiante diseñe su propio programa de estudios, mediante el cual distribuirá y organizará el tiempo.

La segunda lección es que el estudiante debe crear las condiciones necesarias para desarrollar buenos hábitos de estudio. En la tercera el estudiante será capaz de memorizar. En la cuarta lección el estudiante podrá interpretar. En la quinta lección el estudiante podrá contestar adecuadamente. En la sexta será capaz de tomar apuntes y en la séptima aprenderá cómo tomar un examen.

Los estudiantes que participaron en el proyecto para mejorar los hábitos de estudio y el aprovechamiento académico mediante el escenario basado en metas, encontraron el estudio de casos como algo auténtico y pertinente a sus vidas. Pudieron practicar destrezas básicas para resolver problemas genéricos y objetivos específicos en un contexto real. Por lo cual se mostraron complacidos y contentos.

Algunas limitaciones del curso fueron la premura del tiempo para realizar el proyecto y la falta de personal para colaborar con el investigador. El escenario basado en metas es una forma magnífica para que los maestros utilicen el método de escenario básico de destrezas sin la utilización de la computadora.

La comunicación, las relaciones humanas y el razonamiento, son destrezas que los padres pueden enseñar en el hogar. Por consiguiente, por hábitos de estudio y aprovechamiento académico entendemos la ejecución repetida y sistemática de estudiar, con el fin determinado de elevar el nivel de conocimiento. Podemos concluir que los padres deben asumir la responsabilidad de crear en el hogar un ambiente de aprendizaje que complemente la escuela.

Esto es así porque el éxito de los niños depende en gran medida de los padres. Debido a que estos tienen más tiempo para atender a sus hijos que los maestros. Porque el niño promedio dedica menos de ocho horas diarias en la escuela. Las otras dieciséis las dedica a estar en la casa y/o en la calle.

De acuerdo a la estructura Escenarios basados en metas los estudiantes mejoraron:

- Las Relaciones Humanas
- La Lectura (Razonamiento)

De acuerdo al Razonamiento basado en casos los estudiantes mejoraron:

- La memoria

LISTA DE REFERENCIA

Adell, J. (1997). Tendencias en educación en la sociedad de las tecnologías de la información. EDUTEC, Revista Electrónica de Tecnología Educativa No. 7, (http://nti.uji.es/docs/nti/Jordi_Adell_EDUTEC.) Html, ppl-21.

Aspira, Inc. de Puerto Rico. Revisemos nuestros hábitos de estudio. Programa de Consejería Educativa.

Berger, C. & Kam, R. (1996) Defintions of Instructional Design. [online] 12, http//www.Umich.edu/~ed626/define.html [09/24/00].

Burgos, L. (1991) Hábitos de estudio su relación con el aprovechamiento académico de los estudiantes de séptimo grado de la escuela intermedia urbana Rosa Costa Valdivieso de Yabucoa. Tesina de maestría no publicada, Universidad de Puerto Rico, Recinto De Río Piedras, 1-12.

Carballada, L. (2000). El uso de método de instrucción de multimedios con un aprendizaje constructivista en el aprovechamiento académico y el desarrollo de las destrezas de solución de problemas a nivel universitario. Disertación doctoral no publicada, Universidad Interamericana de Puerto Rico, Recinto Metropolitano.

Collazo, C. (1996). Manual De Hábitos De Estudio. Universidad de Puerto Rico, Recinto de Río Piedras, División de Educación Continuada y Extensión, Programa P.E.E.A. Ed. Rev. 86 págs.

Covington, M. V. (2000). Coal theory, motivation, and school achievement: An integrative review. Annual Review of psychology. 51 [online] 171-200. <http//proquest.umi.com/pqweb> (6/16/00).

Crawford, M. (1999 Nov.). Strategies for mathematics: Teaching in context. Education Leadership. 57(3) [online] 34-38.

Díaz, J. L. (1983). Aprende a estudiar con éxito. México, D.F. Editorial Trillas, S. A.

Dick, W. & Carey L. The Systematic Design of Instruction. New York. Addison Wesley Longman, Inc. Fourth Edition. 385 pp.

Ellis, D. (1993). Cómo llegar a Master en los Estudios. Rapid City, SD. Houghton Mifflin Company. Quinta Edición. 20-25.

Fernández, R. C. (1994). Aprender a estudiar ¿Cómo resolver las difucultades en el estudio? Madrid: Ediciones Pirámide, S. A. F.: Editorial Trillas.

Guerra, H. & McCluskey, D. (1986). Cómo estudiar hoy. México, D. F.

Johnson, D. (1998). Are Sure You Want an Internet Filter? Virtual Censorship Is Still Censorship. Tech Trends For Leaders In Education And Training. 43(3), 6-9.

Malone, T.W. (1981). Toward a Theory of Intrinsically Motivating Instruction. Cognitive Science. 4. 333-369.

Márquez, E. (1990). Hábitos de estudio y personalidad. Méx5c6, D. F. Editorial Trillas, S. A.

Shank, Berman & Macpherson (1999). Instructional–design theories and models volume II. London: Lawrence Erlbaun Associates. 161-181.

Ríos, C. (1994) El efecto De Un Programa De Consejería De Hábitos De Estudio Sobre La "Motivación Para El Logro", "El Promedio Académico" Y Las "Ausencias De Posibles Desertores Escolares De Una Escuela Intermedia En El Distrito Escolar De Caguas Centro, Región Educativa De Caguas. Tesina de maestría no publicada, Universidad de Puerto Rico, Recinto de Río Piedras. 1-43.

Stasz, B. (2000 Apr.) The road of Chiliseni: Collecting Storie to read by The Reading Teacher. 53 (7) [online] 560563. <http//proquest.umi.com/pqweb> (6/18/2000).

Villarini, A. (1991). Manual para la enseñanza de destrezas de pensamiento. San Juan, Proyecto de Educación Liberal Liberadora. 24-27.

Yair, G. (2000, Apr.). Reforming motivation: How the structure of instruction affects students' learning experiences British Educational Research Journal. 26 (2) [online] 191-210. <http//proquest.umi.compqweb> (6/18/2000).

Departamento de Educación
Escuela Mercedes García de Colorado
Cataño, Puerto Rico

9 de enero de 2001

Sr. Alfonso Bachiller
Director Escolar

Como es de su conocimiento, estoy realizando estudios en el Departamento de Educación de la Universidad Del Sagrado Corazón, en Santurce.

Como requisito parcial para obtener el grado de Maestría en Artes en Educación con especialidad en Sistemas de Instrucción y Tecnología Educativa estoy realizando un Proyecto. Cuyo tema de estudio es: El uso de la tecnología para mejorar los hábitos de estudio y el aprovechamiento académico de los estudiantes de octavo grado de la escuela Mercedes García de Colorado en Cataño cuyo índice académico fluctúa entre 0.80-1.59 en la clase de Español.

El Proyecto consiste en el diseño instruccional de actividades utilizando diferentes medios tecnológicos. Además intenta explorar algunos alcances de las redes informáticas y la integración de programas de presentación al salón de clases.

Por tal razón solicito su permiso para realizar dicho estudio con un grupo pequeño de estudiantes que sean debidamente autorizados por sus padres. Los cuales tendré a mi cargo en secciones de 2:10 a 3:00 p.m. los días miércoles y jueves.

Agradeceré su atención al respecto y la ayuda que me puede brindar. Esperando que la misma sea en beneficio de nuestros estudiantes.

Cordialmente,
Ángel Luis Soto Salgado

_____
Firma del Director

GUÍA PARA LA ENTREVISTA

Nombre: Grupo:

1. ¿Cómo te sientes hacia la clase de español?
2. ¿Cuál es tu actitud hacia la clase de español?
3. En años anteriores ¿qué ha sido lo más fácil para ti en la clase de español?
4. ¿Por qué crees que se te hizo fácil?
5. En años anteriores ¿qué ha sido lo más difícil para ti en la clase de español?
6. ¿Por qué crees que te fue difícil?
7. ¿Qué pudiste haber hecho para mejorar?
8. ¿Qué esperas de la clase de español este año?
9. ¿Qué te gustaría aprender o mejorar en la clase de español?
10. ¿Cuál es tu meta en la clase de español durante este año?

Departamento de Educación
Escuela Mercedes García de Colorado
Cataño, Puerto Rico

10 de enero de 2001

Sr. o Sra. _____:

Al presente estoy realizando estudios en la Universidad Del Sagrado Corazón de Santurce, para obtener el Grado de Maestría en Educación con especialidad en Sistemas de Instrucción y Tecnología Educativa.

Como requisito parcial para obtener dicho grado, me encuentro trabajando con un Proyecto en el cual diseño actividades instruccionales utilizando diferentes medios tecnológicos para mejorar los hábitos de estudio y el aprovechamiento académico de los estudiantes de octavo grado de la escuela Mercedes García de Colorado en la clase de Español.

Siendo su hijo(a) uno de los estudiantes debidamente seleccionados para participar en este Proyecto. Necesita cumplimentar estrictamente su autorización. Nos reuniremos los miércoles y jueves en horario de 2:10 a 3:00 p.m.

Agradeceré que complete el formulario adjunto.

Cordialmente,
Ángel Luis Soto Salgado

GUÍA DE DESCUBRIMIENTO

La Guía de descubrimiento representa una oportunidad para que digas la verdad acerca de la clase de alumno que eres. No es un examen. No hay preguntas capciosas y las respuestas sólo tendrán significado para ti.

La evaluación más importante que puedes obtener en tu educación es la tuya, la que tu mismo determinas estableciendo las condiciones para obtener éxito. Esta guía de descubrimiento está diseñada para darte un apoyo y ofrecerte una evaluación honesta de ti mismo.

Cuando llegues al final de este ejercicio, habrás llenado un círculo. Este círculo expresa cómo te imagina en tu papel de estudiante. El propósito de llenar este círculo es crear una representación visual, un diseño.

Este diseño no refleja lo que eres, sino que es la expresión de lo que tú mismo consideras acerca de tus propias habilidades.

Para comenzar el ejercicio, lee las declaraciones que se encuentran en las páginas 1 a la 12 y otórgate puntos para cada una, de la siguiente manera:

5 puntos   Esta declaración siempre o casi siempre es cierta en mi caso.

4 puntos   Esta declaración a menudo es cierta.

3 puntos   Esta declaración a veces es cierta en mi caso (más o menos la mitad del tiempo).

2 puntos   Esta declaración pocas veces es cierta en mi caso.

1 punto   Esta declaración nunca, o casi nunca, es cierta en mi caso.

Cuando hayas terminado, suma los puntos de cada sección.

Motivación

1.____ Comienzo cada periodo del año escolar con mucha motivación y me mantengo así a través de todo el tiempo.

2.____ Sé lo que quiero obtener de mis cursos de estudio.

3.____ Me gusta aprender.

4.____ Tengo una idea clara de lo que quiero obtener de mi educación.

5.____ Tengo una idea clara respecto al modo de utilizar lo que estoy aprendiendo.

6.____ Estudio, incluso aunque debiera estar haciendo otra cosa.

7.____ Me entusiasmo cuando se trata de los cursos que sigo.

8.____ Cuando es necesario, estudio durante muchas horas seguidas.

____ Suma de puntos.

Tiempo

1.____ Fijo periodos regulares tiempo para repasar y afinar mis metas a largo plazo.
2.____ Fijo periodos regulares de tiempo para repasar y afinar mis metas a corto plazo.
3.____ Asigno prioridades en la lista diaria de cosas que debo hacer.
4.____ Planifico mi tiempo de repaso para no tener que apresurarme al final del curso.
5.____ De antemano, escribo un horario semanal.
6.____ Planifico un periodo regular para los descansos.
7.____ Determino el tiempo que dedicaré a cada asignatura.
8.____ Tengo suficiente tiempo durante el día para hacer todo lo que me propongo.
____ Suma de puntos

Memoria

1.____ Tengo confianza en mi habilidad para recordar las cosas.
2.____ Recuerdo los nombres de las personas.
3.____ Después de una conferencia, podría proporcionar a un amigo un breve resumen de todo lo que se expuso.
4.____ Utilizo una esrategia especial para recordar las cosas.
5.____ Puedo recordar bajo presión.
6.____ Para mí, es fácil recordar bastantes datos sobre un tema.
7.____ Puedo activar mi memoria cuando no recuerdo algo.
8.____ Me acuerdo de formulas, ecuaciones y temas similares.
____ Suma de puntos

Lectura

1._____ Me siento cómodo(a) leyendo los libros de texto.
2._____ Generalmente sólo necesito leer los textos una vez para captar lo que se expone.
3._____ Cuando leo, me hago preguntas sobre el texto.
4._____ Cuando leo los textos, estoy despierto(a) y alerta.
5._____ Relaciono lo que leo en los textos con lo que experimento en la vida.
6._____ Escojo mi estrategia de lectura según el tipo de libro que esté leyendo.
7._____ Tomo apuntes efectivo cuando leo un texto.
8._____ Cuando no comprendo algún concepto que estoy leyendo, lo anoto en forma de pregunta y se la formulo luego a mi profesor.
_____ Suma de puntos

Apuntes

1.____ Cuando estoy en clase, mantengo bien mi atención en lo que se expone.
2.____ Tomo apuntes en la clase.
3.____ Después de una semana de haberlos tomado, todavía puedo consultar bien mis apuntes.
4.____ Mis apuntes son muy útiles cuando repaso.
5.____ Repaso mis apuntes de clase 24 horas después de haberlos tomado.
6.____ Noto cuando mi profesor(a) utiliza frases signficativas que después pueden aparecer en un examen.
7.____ Copio lo que el(la) profesor(a) escribe en la pizarra.
8.____ Tomo apuntes utilizando expresiones propias.
____ Suma de puntos

Exámenes

1.____ Me siento seguro(a) y tranquilo(a) durante un examen.
2.____ Planeo mi tiempo y trabajo con suficiente rapidez para poder contestar las distintas preguntas.
3.____ Me siento despierto(a) y activo(a) durante los exámenes.
4.____ Me siento seguro(a) de mis capacidades sin pensar en la calificación del examen.
5.____ Mis calificaciones en los exámenes reflejan mis conocimientos sobre la materia.
6.____ Adapto estrategias diferentes según el tipo de examen que efectúe.
7.____ Puedo examinar las preguntas que debo contestar en función de mis conocimientos e incluso llegar a nuevas conclusiones durante la prueba.
8.____ En los exámenes, obtengo las calificaciones que me propongo.
____ Suma de puntos

Creatividad

1.____ Tengo intuiciones y la solución de ciertos problemas viene a mí en momentos inesperados.

2.____ Puedo escoger fácilmente un tema para un ensayo o conferencia.

3.____ Cuando me atasco en un proyecto creativo, sé cómo salir adelante.

4.____ Cuando tengo una gran idea, la sigo y la desarrollo.

5.____ Puedo solucionar bien los problemas de matemáticas y ciencias.

6.____ Siento seguridad cuando hablo ante otros.

7.____ Considero los problemas como oportunidades para aprender y desarrollar algún aspecto personal.

8.____ Confío en mis intuiciones.

____ Suma de puntos

Relaciones personales

1.____ Desarrollo y mantengo relaciones que me ayuden a obtener lo que quiero.
2.____ Digo lo que pienso y cuando hablo con otras personas, les hago saber quién soy.
3.____ Me han dicho que sé escuchar a los demás.
4.____ Doy valor al tiempo.
5.____ Disfruto ayudando a los demás y lo hago regularmente.
6.____ Me llevo bien con los profesores(as).
7.____ Tengo habilidad para conseguir nuevos amigos y crear relaciones en un ambiente nuevo.
8.____ Estoy dispuesto(a) a estar con personas que no me agradan con tal de aprender de ellos.
____ Suma de puntos

Salud

1.____ Al terminar el día, todavía tengo suficiente energía para estudiar.
2.____ Mi salud física me ayuda a concentrarme.
3.____ Mi salud emocional apoya mi capacidad para aprender.
4.____ Si una situación lo exige, tengo suficientes reservas de energías para estudiar muchas más horas de lo normal durante varios días seguidos.
5.____ Acepto mi cuerpo como es.
6.____ Soy responsable de mi condición física y mi aspecto.
7.____ Controlo la cantidad de alcohol que consumo, así como de sustancias que introduzco en mi organismo.
8.____ Los alimentos que ingiero contribuyen a mi salud.
   ____ Suma de puntos

Dinero

1.____ Logro controlar el dinero.
2.____ Tengo suficiente dinero para obtener la educuación que deseo.
3.____ Tengo ideas claras de los recursos económicos que se ofrecen a los alumnos.
4.____ Tengo la habilidad de hacer que un poco de dinero me rinda bastante.
5.____ Mi educación está de acuerdo con mis objetivos económicos.
6.____ Pago mis deudas.
7.____ Mi sentido de los valores personales es independiente de mi condición económica.
8.____ Se dónde va mi dinero.
____ Suma de puntos

Recursos

1.____ En la biblioteca me siento como en casa.
2.____ Participo en las actividades de la comunidad.
3.____ Utilizo mi trabajo como experiencia para aprender.
4.____ Al contribuir en un grupo aprendo.
5.____ Dentro de mi comunidad, sé dónde encontrar ayuda según el problema que se me presente.
6.____ Tengo un grupo de amigos con los que puedo reunirme para apoyarnos mutuamente y lograr metas educativas.
7.____ Utilizo mi imaginación como recurso.
8.____ Veo los problemas el mundo como una oportunidad para contribuir personalmente en algo.
____ Suma de puntos

Propósito

1.____ Relaciono mi proceso de aprendizaje con lo que pienso hacer el resto de mi vida.
2.____ Relaciono las materias que estudio con mis metas personales.
3.____ Veo el aprendizaje como un proceso a lo largo de la vida.
4.____ Puedo experimentar día a día cómo me estoy desarrollando a través de los estudios.
5.____ Veo con claridad los objetivos que quiero alcanzar en la vida.
6.____ Sé que soy responsable de mi propia educación.
7.____ Soy el (la) creador(a) de mi propia experiencia.
8.____ Reconozco que nunca me mantengo estacionado(a), que siempre estoy aprendiendo y desarrollándome.
____ Suma de puntos

Utiliza la suma de los puntos de cada sección de la Guía de descubrimiento para obscurecer hasta el nivel apropiado, cada parte de la rueda que aparece en la próxima página.

Ahora que has terminado con la rueda, estúdiala durante algunos minutos. Imagina su peso y su forma. ¿Cómo sentirías esta rueda si pudieras pasar tus manos alrededor de ella? ¿Cómo se oiría si rodara desde una loma? ¿O no rodaría? ¿Está equilibrada esta rueda?

Has tus observaciones sin prejuicios. Simplemente quédate con esta imagen que has creado por un momento.

Revisemos
nuestros
hábitos
de
estudio

Programa de Consejería Educativa
Programa de Carreras de Salud
Aspira, Inc. de Puerto Rico

ASPIRA INC. DE PUERTO RICO

PROGRAMA DE CONSEJERIA EDUCATIVA

Taller Para Desarrollar Destrezas
En los Hábitos De Estudio

Los materiales para este taller fueron preparados y/o adaptados mediante el trabajo colectivo del Programa de Consejería Educativa:

Nitza Hernández	-	Supervisora
Judith Morales	-	Consejera Educativa
Olga Marcano	-	Consejera Educativa
William Gómez	-	Consejero Educativo
Iris Corchado	-	Consejera Educativa
Rafael Parodi	-	Consejero Educativo

y la colaboración de:

Blanca González, Tutora de Español del Programa de Equivalencia de ASPIRA; y del "Pool Secretarial de ASPIRA".

30 de enero de 1979

Revisado por:

Rafael Parodi	-	Consejero Educativo
María Zayas	-	Consejera Educativa
Blanca González	-	Supervisora Programa Carreras de Salud, ASPIRA

octubre, 1979

ASPIRA INC. DE PUERTO RICO
PROGRAMA DE CONSEJERIA EDUCATIVA

TABLA DE CONTENIDO

Tema # 2

Distribución y organización del tiempo

Se te dificulta ponerte a trabajar. Siempre te estás preparando para estudiar, pero por una razón u otra, pierdes mucho tiempo antes de que en realidad te dediques a tus asignaturas.

Una vez empiezas a estudiar, desperdicias bastante tiempo saltando de una cosa a otra tratando de estudiar asignaturas diferentes en un tiempo muy corto.

De esa manera tu estudio es tan desorganizado que no le dedicas el tiempo necesario a ninguna clase.

Estas dos dificultades son aspectos de un mismo problema:

<u>La Falta de un programa de estudio</u>.

<u>Un Programa de Estudio</u>, bien planeado, permite un aprovechamiento más efectivo del tiempo. Te previene de titubeos acerca de lo que vas a hacer después de tal forma que ya no estés desorganizado en tu estudio.

<u>Un Programa de Estudio</u> distribuido de manera apropiada ayuda a tener la seguridad de que contarás con los materiales de estudio a la mano cuando los necesites. Esto es así ya que el observar el programa de estudio del día, antes de salir de tu casa, sabrás qué materiales y libros usarás ese día en cada area de estudio.

<u>Un Programa de Estudio</u>

1. <u>Requiere que te conozcas a ti mismo</u>. De nada vale hacer grandes planes de trabajo que no vas a seguir. Hay que ser <u>realista</u> y <u>flexibles</u>.
   Tiempo para estudiar, pero tambien para deportes y aquellas cosas que te gusta hacer.

2. Al hacer el Programa de Estudio debes tener en cuenta el contenido del curso, los libros de texto que te dieron, las fechas para los exámenes, las fechas límites para entregar trabajos y cualquier otro requisito.

   Revisa El Programa de Estudio con Frecuencia, por si hay variaciones y para que estés al tanto del trabajo

3. Distribuye tu tiempo de acuerdo a las <u>dificultades</u> que tengas en algunas materias. Primero planea estudiar tus materias <u>más difíciles</u>. No sólo tu tu mente estará más fresca mientras estés haciendo tu trabajo más difícil, sino que puedes pasar a algo más interesante cuando empieces a sentir fatigado.

4. Existen varios tipos de cursos:

a- <u>cursos</u> <u>de</u> <u>tipo</u> <u>conferencia</u> donde el profesor habla prácticamente todo el tiempo. En estos cursos por lo general permaneces pasivo tomando notas de la conferencia. Es muy importante que dediques un rato (inmediatamente después de las clases) a revisar lo que se dijo en ella, a organizar y completar tus apuntes a fin de que tengan sentido. Obviamente es mucho más facil revisar algo que ya se ha visto y fijarlo firmemente en tu mente, que volver a aprender el material que casi se ha olvidado.

b- <u>Cursos</u> <u>de</u> <u>participación</u> <u>activa</u> (idiomas, matemáticas) donde se te pedirán demostraciones acerca de tu aprovechamiento en clase. Por lo tanto, para prepararte para una clase en la que hay participación y se te preguntará, reserva un poco de tiempo antes de dicha clase para revisar tu lección diaria.

5- Debes combinar períodos largos de estudio con períodos cortos de descanso. Toma un período de descanso más largo al cmbíar de materia de estudio.

LEVANTATE, CAMINA, RESPIRA AIRE FRESCO

6- Es muy importante que logres el balance apropiado entre sueño, comida, estudio, trabajo y diversión.

Al elaborar tu Programa de Estudio usa los principios que han sido sugeridos. Recuerda que debes ser realista en la preparación de tu programa.

!Después de todo, eres <u>tú</u> quien tiene que aprender a vivir con él¡

Honario	Lunes	Martes	Miercoles	Jueves	Viernes	Sábado	Domingo
6:00 A.M.	LEVANTARME PREPARARME						
7:00 A.M.	e IR A LA ESCUELA						
8:00 A.M.	CLASE	CLASE	CLASE	CLASE	CLASE	LEVANTARME	-
9:00 A.M.	CLASE	CLASE	CLASE	CLASE	CLASE	AYUDAR EN CASA	
10:00 A.M.	CLASE	CLASE	CLASE	CLASE	CLASE	AYUDAR EN CASA	IGLESIA
11:00 A.M.	CLASE	CLASE	CLASE	CLASE	CLASE	AYUDAR EN CASA	
12:00 M.	ALMUERZO	ALMUERZO	ALMUERZO	ALMUERZO	ALMUERZO	ALMUERZO	ALMUERZO
1:00 P.M.	CLASE	CLASE	CLASE	CLASE	CLASE	ESTUDIAR	
2:00 P.M.	CLASE	CLASE	CLASE	CLASE	CLASE	ESTUDIAR	DIVERSIÓN
3:00 P.M.	CLASE	CLASE	CLASE	CLASE	CLASE	ESTUDIAR	
4:00 P.M.	DESCANSO	DESCANSO	DESCANSO	DESCANSO	DESCANSO	ESTUDIAR	
5:00 P.M.	DESCANSO	DESCANSO	DESCANSO	DESCANSO	DESCANSO	ESTUDIAR	
6:00 P.M.	CENAR	CENAR	CENAR	CENAR	CENAR	CENAR	CENAR
7:00 P.M.	ESTUDIAR	ESTUDIAR	ESTUDIAR	ESTUDIAR	DIVERSIÓN	DIVERSIÓN	ESTUDIAR
8:00 P.M.	ESTUDIAR	ESTUDIAR	ESTUDIAR	ESTUDIAR			ESTUDIAR
9:00 P.M.	ESTUDIAR	ESTUDIAR	ESTUDIAR	ESTUDIAR			ESTUDIAR
10:00 P.M.	DORMIR	DORMIR	DORMIR	DORMIR			DORMIR

Tema # 3:

Tema: Condiciones necesarias para desarrollar
buenos hábitos de estudio

El éxito en tus estudios depende no sólo de tu habilidad y trabajo, sino también de buenos hábitos y destrezas de estudio. El desarrollo de éstos contribuye a que aprendas a valerte por tí mismo y enfrentarte con mayor seguridad a tus tareas de aprendizaje.

El aprender a estudiar con efectividad y a planear el mejor uso del tiempo disponible es esencial para el éxito académico.

Veamos cúales son algunas ventajas de usar métodos efectivos de estudio.

1- <u>Disfrutas más de tu trabajo</u>. Por lo general gozamos más de lo que podemos hacer bién.

2- <u>Eliminas preocupaciones</u>. Según te vas convirtiendo en un estudiante más eficiente y con mayor dominio de tu trabajo, irás eliminando ciertas preocupaciones por exámenes, informes, etc.

3- <u>Tienes más tiempo libre</u>. Al organizar tu trabajo dispondrás de más tiempo para otras actividades.

4- <u>Aprendes más fácilmente</u> y <u>recuerdas por más tiempo</u>.

5- <u>Desarrollas mayor confianza en tus potencialidades y mejoras la calidad de tu trabajo.</u>

¿ Y cómo logramos esto?

La palabra clave es:

E F I C I E N C I A

Esto es hacer todas las cosas a tiempo en la mejor manera posible. Es, obtener el máximo de aprovechamiento con el menor esfuerzo posible.

Lo primero que debe hacerse es:

1- Descubrir cúales son nuestras <u>deficiencias</u> o <u>dificultades</u>.

2- <u>Usar realmente el Programa de Estudio</u>, tema que discutimos anteriormente, y que incluye sobre todo, la distribución efectiva y organizada de tu tiempo libre en todas las actividades de tu vida.

3- Para que estos períodos de estudio sean efectivos tienen que ir acompañados, entre otras cosas, de unas condiciones favorables:

a- Ya sea en el hogar o en la biblioteca, escoge un rincón alejado del bullicio, el ruido y la conversación.

b- Este lugar de estudio debe reunir las siguientes condiciones:
    1- Temperatura adecuada
    2- Silla cómoda, espalda recta y libro en un ángulo de 45 grado.
    3- Una mesa libre de objetos innecesarios
    4- El lugar debe estar libre de objetos o decoración llamativa.
    5- Suficiente luz y que ésta nunca quede frente a nuestra vista.
    6- Todo el material de estudio necesario debe estar a la mano.

La concentración constituye la diferencia.

c- Trata de alejar los problemas y preocupaciones en el momento de estudiar ya que esto crea distracciones mentales y evita la concentración.

Observa los siguientes dibujos durante 30 segundos.

Vira la hoja y anota todos los que recuerdes.

Tema # 4

Concentración y Memoria

La habilidad para concentrarse varía de persona a persona. Algunos estudiantes pueden estudiar en cualquier lugar sin que les moleste lo que sucede a su alrededor, pero la gran mayoría….. ¡fácilmente se distrae!

Para que evites todo tipo de distracción tienes que planificar cuidadosamente, pues tu eficiencia en el estudio te ayudará considerablemente en tu capacidad para concentrar.

Cosas que debes evitar:

1- <u>La conversación</u> - evita oir conversaciones, si la gente no se calla ¡ cámbiate de sitio!

2- <u>Radio, televisión y tocadiscos</u> - pues los utilizamos como medios de diversión y lo más probable es que nos distraigan, así que préndelos cuando termines de estudiar.

3- <u>Ruido Exterior</u> - muchas veces no lo podemos controlar, así que trata de irte a un sitio menos ruidoso o escoger un horario de estudios más tranquilo.

???cinas + gritos + Aviones + gritos = ¡Distracciones!

4- <u>Distracciones visuales</u> - trata de que el lugar donde estudies esté libre de objetos que te puedan traer recuerdos y así distraerte como son los retratos, trofeos, revistas etc. Tampoco debes estudiar en el balcón o frente a una ventana….. te distraes.

5- <u>Desorganización</u> - trata de tener a tu alcance (en la mesa o en el escritorio donde estudies) todo lo que necesitas, para evitar el que te estes levantando a cada rato a buscar algo. También debes quitar todo aquello que no vas a utilizar.

Recomendaciones:

1- <u>Area de trabajo</u>: debes tener una silla cómoda y el espacio adecuado para estudiar. Evita estudiar en un sillón o en la cama pues te puede suceder esto:

y aunque suene ridículo el estudiar con la pijama puesta es muy mala idea, ya que generalmente cuando te la pones te es preparando para ...... ¡quedarte dormido!

2- <u>La iluminación</u>: debe estar bien distribuida y que no produzca brillo sobre tu libro o reflejos en tus ojos.

<u>La biblioteca</u>: es el mejor lugar para estudiar, pero si el entrar y salir de las personas te distrae, debes escoger un lugar apartado frente a la pared.

> Si pones en práctica las recomendaciones, puedes estudiar tanto en la biblioteca como en tu cuarto.

Cómo mejorar la memoria

En algún momento de nuestras vidas todos hemos tratado de recordar algo y experimentamos la sensación de haberlo olvidado. Pero aunque no lo podemos evitar del todo, podemos tomar algunas medidas para disminuirlo.

> No me acuerdo,
> ¿Por qué será?

Las cosas se nos olvidan ¿a qué se deberá?

1- Lo que hemos aprendido, a veces lo dejamos de utilizar, y según va pasando el tiempo ese conocimiento va gradualmente desapareciendo.

> No sé cuánto
> es 2 ??? 2, lo
> aprendí en primer
> grado

2- A veces lo que acabamos de aprender "choca" con lo que ya sabíamos, y eso que ya sabíamos no deja que lo nuevo pase. Es como si no le quisiera dejar espacio al conocimiento nuevo.

3- Otras veces lo que nos ocurre es que sólo aprendemos lo que nos interesa aprender y las cosas que no nos gustan no les prestamos la suficiente atención.

4- También puede deberse a que lo que estás tratando de recordar, no lo aprendiste realmente. Puede que no te envolvieras activamente con el material estudiado y como resultado de éso en realidad no lo aprendiste.

Aunque como habíamos mencionado, el olvido no puede ser eliminado totalmente, puedes disminuirlo. ¿Cómo?

1- Asegúrate que el material que estás estudiando lo entiendes.

2- Repasa y escribe en tus propias palabras lo que has leído u oído.

3- Usa claves de memoria - tu mismo puedes desarrollar un sistema con letras o símbolos para no olvidar detalles importantes.

corola

pétalo

cáliz

estambre

pistilo

ovario

Las partes de una flor

Algunas plantas dan flores; otras, no.

Una flor tiene diferentes partes:
- Las partes coloreadas son **los pétalos**.
- La reunión de pétalos forma **la corola**.
- La corola está situada sobre una especie de copita verde, que recibe el nombre de **cáliz**.
- Dentro de la flor hay unos hilitos, que nosotros llamamos **estambres**
- El hilito situado en el centro de la flor es el **pistilo**.

-----o-----

Sobre los hilitos llamados estambres hay unos saquitos llenos de un polvito amarillo, llamado **polen** Muchas veces, cuando tocas una flor, tus manos se manchan de ese polvito amarillo.

Si tuvieras en tus manos una flor como la que ves en la lámina de esta página, podrías abrirla y verías en la parte de dicha flor una bolsa. Esa bolsa recibe el nombre de **ovario**.

Construye claves para los paises que componen a Centroamérica:

Guatemala	Nicaragua
Honduras	Costa Rica
Belice	Panamá
El Salvador	

Inténtalo ahora con los pueblos de Puerto Rico, que tienen equipos de beisbol profesional:

Santurce	Arecibo
Bayamón	Ponce
Caguas	Mayagüez

Habrás notado que el uso de la clave se aplica a datos de cualquier área de estudios y al mismo tiempo.

¡Es una manera eficaz y divertida para mejorar nuestra memoria!

Tema # 5:

Lectura

Puedo…….. pero…. ¿Sé?

NO ES LO MISMO PODER LEER QUE SABER LEER

A leer, esto es, reconocer el significado de los símbolos o abecedario, aprendemos en nuestros primeros años de escuela. Pero el saber leer, o comprender lo que se lee, requiere un poco más de esfuerzo de nuestra parte.

A medida que has avanzado en tus grados escolares debes haber notado que las tareas de lectura también han aumentado su grado de dificultad.

¿Recuerdas?

Nivel	Nivel	Nivel
1er GRADO	8vo GRADO	4to AÑO
¡A jugar y a gozar! aprendamos a leer	Marianela de Benito Pérez Galdós	Don Quijote de la Mancha de Miguel de Cervantes

Tal vez te encuentres en el último de estos niveles y te des cuenta que puedes leer, pero… ¿sabes hacerlo?

Esta pregunta debe quedar fija en tu mente para que te evalúes a ti mismo durante este período donde conversaremos sobre el tema de la lectura.

Análisis del Contenido de los Libros

Cuando vayas a leer un libro, sea el que sea, debes tener en cuenta que hay diferentes formas de enfrentarse al mismo.

En un libro de historia encontrarás el relato de unos hechos ocurridos en el pasado y el análisis de los mismos.

En el libro de ciencia encontrarás las teorías y los datos ciéntificos que llevaron a un investigador a ciertas conclusiones.

En literatura no se analiza igual un poema que un cuento, un ensayo o una novela. Tampoco puedes leer un libro de matemáticas como uno de inglés.

> Estudiar cada una de las formas de analizar los libros nos tomaría semanas, quizás meses. Por eso no pretendemos ofrecerte más que una idea de qué debes buscar al estudiar cualquier libro.

Este libro de filosofía es tan interesante que me lo leí en una hora. El problema es que no me acuerdo de que se trata... bla, bla, bla.....

Dentro de la lectura hay dos conceptos básicos que debes haber oído mencionar:
1. Comprensión
e
2. Interpretación

Estos son los dos aspecto??? principales del proceso de la lectura.

Comprensión - es entender la información que te ofrece un libro. Saber el significado de las palabras que lees y poder contestar las preguntas qué, cuándo, dónde, quién, cómo y por qué.

Quizás recuerdes cuando

la maestra te preguntaba en la escuela:
¿ Cuál es el título de la historia?;
¿ Quién es el personaje principal?,
¿ Dónde se desarrolla la acción? Estas son preguntas de comprensión de lectura.

Para aumentar las destrezas que puedas tener en comprensión de lectura debes:

1. <u>Aumentar tu vocabulario</u>
   a. Usar un diccionario si tienes dudas sobre el uso de una palabra.
   b. Asociar las palabras dudosas con el resto de la oración para sacar el significado.

2. <u>Leer con cuidado</u>
   a. Contesta las preguntas qué, quién, cuándo, dónde cómo y por qué. Te ofrecerán la información que necesitas.

No me acuerdo del título del libro que leí ayer ...

<u>La interpretación</u> - va más allá de lo que nos dicen las palabras. Es leer entre líneas lo que el autor nos desea comunicar. Captar el mensaje, entender porque llegó a unas conclusiones y frente a ellas tomar nuestras propias posiciones.

<u>El proceso de interpretación es mucho más complejo que el de comprensión</u>. Requiere de nosotros mayor participación. El libro de por sí es un objeto lleno de páginas cubierto de palabras. Es el lector el que le da vida y sentido a los pensamientos que aparecen en el libro. Sus ideas se enfrentan a las que aparecen ya escritas.

Por eso, al interpretar debemos: PENSAR, RAZONAR Y USAR LA IMAGINACION

La interpretación es un proceso de análisis de las ideas que presenta un escritor. El lector debe considerar el por qué el escritor dice lo que dice.

Si por ejemplo el escritor en una novela nos describe un personaje de cierta forma particular, podemos deducir muchas cosas de éste: su clase social, sus actitudes ante la vida, el ambiente en que se mueve, etc.

La verdad es que estos personajes son raros...

Para poder interpretar mejor debemos:

1) Saber separar los hechos de la opinión del autor
Por ejemplo:

Un historiador puede narrar la matanza de los judíos durante la época de Hitler: <u>Esto es un hecho</u>.

El <u>historiador</u> puede presentar los hechos de una forma:

La posición del <u>lector</u> frente a la posición del historiador puede ser:

Para poder llegar a esa conclusión el lector debe estudiar los hechos y asumir una posición a favor o en contra del autor.

Recuerda que el libro expone una verdad relativa. Puede ser o no ser cierto lo que nos dice. También lo que es cierto hoy puede no serlo al pasar el tiempo. Por ejemplo: una teoría científica puede tener validez hoy y dentro de un tiempo no. Antes se pensaba que la tierra era plana, luego se descubrió que era redonda.

2) Tener claro el propósito del autor al escribir el libro:

Si ES:

ofrecer información sobre un tema en especifico

plantear una teoría

ofrecer una enseñanza moral

divertirnos

criticar una situación social o política.

3) Analizar todas las ideas principales que nos presenta el autor a través del libro que nos permiten llegar a nuestras propias conclusiones.

Si tienes claros los conceptos de comprensión e interpretación se te hará mucho más fácil hacer una lectura eficiente que te será de gran utilidad para tus estudios.

Solamente leyendo podrás adquirir estas destrezas tan importantes para tí. Por eso te invitamos a que entres al maravilloso mundo de los libros que te abrirán un nuevo mundo de conocimientos y alegrías.

El Relato del Periódico

La familia Pérez Rivera, de Barrio Obrero, Santurce, escapó milagrosamente de un voraz incendio-y posiblemente de la muerte-en la madrugada de hoy. Los aullidos del perro de la familia despertaron al Sr. Pérez y logrando escapar todos con vida.

Los menores Jaime y Juanita Pérez de 8 y 10 años fueron atendidos en el Centro Médico de Río Piedras, por intoxicación.

De acuerdo al informe de la policía se cree que el fuego fue ocasionado por un corto circuito.

El interior de la casa sufrió daños considerables.

El Informe del Investigador de Seguros

La casa 210 de la calle Miraflores, propiedad de Pedro Pérez e Iluminada Rivera, asegurada bajo la póliza num. 218956, sufrió daño a causa del fuego y del agua que tuvo que emplearse para apagarlo en la noche del 15 de junio de 1978. Los daños sufridos por el inmueble, mobiliario y los objetos personales, asegurados bajo la póliza más arriba indicada, están considerados en el informe A. La investigación llevada a cabo por la División de Incendios y Explosivos de la Policía de Puerto Rico, pone de manifiesto que el origen del incendio se debió a un corto circuito que se produjo en el alambrado de la estufa. En el informe B se da una información detallada de las condiciones de la estufa. No se produjeron daños personales debido al fuego o a la acción de la extinción del incendio.

La Carta de la Sra. Rivera a su Madre

Querida Mamá:

Anoche sucedió una cosa horrible, se nos quemó toda la casa. Nosotros estamos bien. El investigador de seguros nos dijo que la compañía cubre todas las pérdidas. Perdimos muchas cosas de valor, pero Gracias a Dios nadie resultó herido. Si no hubiera sido por Tuco, que nos despertó ladrando cuando la casa se estaba llenando de humo, quien sabe lo que nos hubiera pasado. ¡Fíjate que grande es Dios! Todos pudimos salir a tiempo. Como podrás imaginarte estamos muertos de cansancio y asustados. No te preocupes por que estamos bien, mañana te vuelvo a escribir para contarte mejor, cuando esté más tranquila.

Besos,

Iluminada

y ahora, ¿ qué hago con ésto, por dónde empiezo?

A veces cuando estudias encuentras que para recordar la información que te ofrece un libro tienes que leer repetidamente el material asignado. Esto se debe a que lees desorganizadamente, sin ningún método de estudio y pierdes mucho tiempo al tener que volver sobre lo mismo.

Es por eso que es tan importante establecer una forma que te permita acercarte a las lecturas asignadas de una manera más eficaz.

A continuación te ofrecemos <u>un método</u> que te ayudará a hacer de tus estudios un éxito.

Tema # 6: Un método de estudio

PASOS PARA
- ✓ ESTUDIO EFICAZ
- ✓ APRENDIZAJE EFICIENTE
- ✓ MEJORES CALIFICACIONES

Lo que te presentamos aquí se llama el método E F G H I :

E : Examen preliminar
F : Formularse preguntas
G : Ganar información mediante la lectura
H : Hablar para describir o exponer los temas leídos
I : Investigar los conocimientos que se han aquirido.

I.   Comencemos con la E

Examen Preliminar:

Esto es, antes de comenzar a leer, reviso primero los:

a- títulos

b- sub-títulos

c- gráficas

d- tablas

e- mapas

f- fotografías

g- diagramas

h- índices

i- tabla de contenido

Lee también primero los párrafos de introducción y los resúmenes de cada parte o capítulo. Esto te ayudará a conocer la idea principal del autor.

El Examen Preliminar:
Te dará una idea de todos los recursos que utiliza el autor para explicar su tema. Mediante este <u>examen preliminar</u> conocerás de qué trata la lectura antes de que comiences a leer el libro en detalle.

II. F: Formularse Preguntas.

Desde que comiences a leer el título y todo lo que te mencionamos anteriormente en el examen preliminar, comienza a formularte preguntas. Esto es, <u>lee activamente</u>.

El irte haciendo preguntas y buscando su respuesta mientras lees te ayuda a entender <u>mejor lo que lees</u> y lo <u>puedes recordar por más tiempo</u>.

Hazte preguntas como:

1- quién

2- qué

3- dónde

4- cómo

5- por qué

Por ejemplo, al leer un pasaje sobre la vida de Edgard Allan Poe podrías preguntarte.

¿ Cómo fue su infancia? ¿Cuál fue su educación?
¿ Cómo influyeron estos aspectos en lo que escribió?

III. G: Ganar información mediante la lectura.

Este tercer paso consiste en <u>leer</u> concentrando en lo que lees y no leer solamente las palabras. Si no ponemos nuestros sentidos en lo que estamos leyendo resultará en que leemos el párrafo palabra por palabra y al terminar nos damos cuenta de que no tenemos la menor idea de lo que hemos leído.

Otra forma de leer activamente es el ir subrayando las palabras y frases claves. Esto te ayudará luego a recordar los puntos e ideas principales.

IV H: Hablar para describir o exponer los temas leídos.

Despúes de cada capítulo ….	¡REPITE! (A ver si lo has aprendido verdaderamente)

Repite <u>oralmente</u>, en tus propias palabras lo que has leído para asegurarte que lo <u>comprendes</u> y lo <u>recuerdas</u>. Además te darás cuenta que esos conocimientos tienen que estar <u>organizados</u>, va que deben tener sentido para ti.

De esta forma, si tratas de repetir en tus propias palabras lo que has leído, y no lo puedes hacer, te darás cuenta si necesitas revisar un poco más, lo estudiado sobre un tema.

Cuánto tiempo debo dedicar a esto?

TIEMPO:

Si tienes una hora para estudiar, debes dedicar 30 minutos para leer el material y 30 minutos para que lo repitas, así te darás cuenta si ya lo…

¡A P R E N D I S T E !

Nunca le dediques menos tiempo a este proceso.

V I: Investigar los conocimientos que has aprendido.

En este caso <u>investigar</u> quiere decir <u>Repasar</u>.

A- Es importante recordar que el repaso se basa en la <u>meditación</u> sobre el material que se está repasando y no en pasar los ojos rapidamente sobre el.

B- En el repaso también se debe hablar en voz alta y en tus propias palabras para asegurarte que entiendes lo que estás leyendo.

C- Trata siempre de repasar como si estuvieras contestando un examen; esto es, hazte una serie de preguntas sobre el material, como las que haría el maestro para el examen y trata de contestarlas sin leer el material y en tus propias palabras.

Tema # 7:

Cómo tomar apuntes

> Si usas materiales apropiados tus apuntes quedarán más organizados y te será más fácil estudiar.

Materiales

libreta de   o   libreta de argollas
divisiones

Si tienes 5 clases, divide tu libreta en 5 partes, una para cada clase.

¿Dónde estará el papelito que usé en la clase de Inglés?

R E C U E R D A:

A. <u>Cuando tomes apuntes</u> …..
   1- Escribe la fecha
   2- Empieza cada tema en una página limpia.
   3- Anota el tema de la clase

B. <u>Cuando saques notas de un libro</u> …..
   1- Anota el número o nombre del capítulo.
   2- Escribe el número de las páginas: Ej. pags. 123-140

Al tomar apuntes en clase debemos considerar lo antes mencionado y seguir las siguientes sugerencias ….

En clases:

   1- No intentes copiar todo lo que dice el maestro
   2- Después que captes la idea, escríbela de forma clara y precisa.
   3- Anota los términos técnicos y definiciones que diga el maestro.
   4- Para resaltar la importancia de alguna información o detalle el maestro usa frases como:

      a- en primer lugar
      b- principalmente

Debes subrayar las partes que el maestro enfatice.

   5- Es importante repasar las notas pocas horas después de la clase para completarlas o corregir errores cometidos al escribir muy rápido o sin entender lo que dijo el maestro.

Tomé apuntes durante todo el semestre y ahora, ¡no puedo recordar lo que quieren decir!

Y …..
      ¿qué tengo que hacer para tomar notas?

Para poder tomar notas:

a- tienes que entender las <u>formas</u> que usa el maestro o autor del libro para decir las cosas.

b- tienes que captar <u>ideas principales</u> y <u>detalles importantes</u>

c- tienes que prestar atención a la clase y leer más detenidamente.

¡Hacer esto me ayudará a recordar mejor!

¿Cuál es la ventaja de tomar notas?

<u>Los repasos se hacen más fáciles</u>
Si tomas buenas notas, con solo repasarlas puede ser suficiente para estudiar para un examen.

De otra manera te pasará como a mí, que no tomé notas y ahora tengo que trabajar de más ....

.... y sigue este último consejo:

Para aclarar o ampliar la información de las notas puedes utilizar lo que ya subrayaste en el libro.

¿No crees que vale la pena tomar notas?

NO ENGAVETES TUS APUNTES ….

1
Repasa pocas horas después de terminada la clase

2
Más adelante repásalas otra vez

3
Estúdialas por completo para el examen

Tema # 8:

<u>Cómo prepararse para los Exámenes</u>

Si aprendo y aplico las cosas que ya se han indicado para mejorar los hábitos de estudio, tendré una gran parte de lo que necesito para estar preparado para los exámenes.

… pero todavia me quedan unos pasos importantes que seguir

A. <u>El Repaso</u>

La mejor preparación para los exámenes es el <u>estudio diario</u> que hago de las asignaturas. Sin embargo, es de gran valor el <u>repaso especial</u> que debo de dar antes del examen.

<u>Primero que nada</u>:

Debo organizar un horario de repaso para las pruebas. De esta manera podré asegurarme que sacaré tiempo suficiente para cada una de las asignaturas que tendré que repasar, tiempo para descansar y para otras tareas ya sea personales o de otros cursos.

¿Aprendería yo más historia en un periodo de estudio de 8 horas o en 32 periodos de 15 minutos?

Ahora, ¿En que consiste el repaso?

1- Volveré sobre las notas que haya tomado en clase, las que haya sacado de los libros y revisaré los bosquejos y resúmenes "viejos".

2- Repasaré las ideas importantes de todo el material señalado anteriormente de los subrayados que he hecho en los textos.

3- Podré referirme a "quizzes" que me hayan entregado corregidos.

4- Puede ser que para algunas asignaturas o temas necesite hacer unas nuevas anotaciones, o un bosquejo o resumen nuevo. De esta manera estaré seguro de las cosas más importantes.

5- Entonces, una vez que haya organizado este <u>repaso especial</u> (en forma de bosquejo o de resumen)*, recitaré las ideas más importantes que quiero recordar.

Dos últimos consejos

Los períodos de repaso deben ser cortos, y en medio de ellos tomar unos momentos de descanso.

---

* Vease Apéndice: p. 58
  Como hacer resumenes
  Como hacer un bosquejo

De esta forma no me cansaré y podré estar más alerta para aprovechar mejor este resumen especial.

Al repasar, debo dedicar más tiempo a aquellos temas o ideas que no domino adecuadamente y pasar rápidamente por aquellos que me son más conocidos.

REPASO NO ES LO MISMO
QUE EMBOTELLAMIENTO

REPASO	Algunas diferencias	EMBOTELLAMIENTO

REPASO

- Clarificar la comprensión del material estudiado.

- Refrescar la memoria.

- Recordar cualquier material olvidado.

- Explicar en mis propias palabras los puntos más importantes, asociando ideas y analizando.

EMBOTELLAMIENTO

- "Estofarse" la mente de datos e ideas en poco tiempo sin analizarlos ni relacionarlos.

- Tratar desesperadamente de memorizar todos los datos e ideas que no había estudiado.

R E S U M I E N D O ....

EL QUE REPASA SE HA PREPARADO CON TIEMPO Y ORGANIZADAMENTE.

EL QUE SE EMBOTELLA LAS IDEAS TODO LO HA DEJADO PARA "ULTIMA HORA" Y RESULTA UN "DESPELOTE".

B. TIPOS DE EXAMENES

<u>OBJETIVOS</u>	<u>ESCRITOS O DE DISCUSION</u>
Requieren que se contesten en base a datos específicos.	Requieren que se organicen las ideas de forma lógica.
Las preguntas son de distintos tipos: cierto o falso selección múltiple llenar blancos pareo	Las preguntas son abiertas y directas y por lo general piden que se: discuta analice compare contraste define interprete resume relacione etc….
Para contestarlos necesitaré concentrarme en la memorización de nombres, fechas, sucesos o fórmulas.	Para contestarlos necesitaré concentrarme en entender y explicar conceptos, principios y teorías generales.
La mayor parte de la información está dada en el examen y lo que se pide es <u>reconocer</u> cuales son los datos correctos.	Las preguntas tendré que contestarlas <u>recordando</u> lo que he aprendido.

C. <u>Como contestar el examen</u>:

<u>REGLAS GENERALES</u>

1. Averiguar en la clase directamente con el profesor qué tipo de examen será.

2. Llega temprano para estar organizado y calmado.

3. Controla cualquier sensación de nerviosismo o ansiedad.

4. Hojea los papeles del examen tan pronto te lo entreguen para familiarizarte con las partes del mismo y con el tipo de preguntas.

5. Lee las instrucciones para cada una de las partes con cuidado y asegúrate que vas a contestar exactamente lo que pide.

6. Planea como vas a usar el tiempo durante el examen ¡Organízate, pero trabaja con calma!

7. Pide ayuda al maestro en caso de dudas o si necesitas aclarar lo que se pide en las preguntas.

8. Evita copiarte ¡Haz tu trabajo!

9. Revisa todas las respuestas antes de entregarlo.

REGLAS PARA EXAMENES OBJETIVOS

1. Contesta las preguntas sin detenerte mucho tiempo en las que no sabes o tienes muchas dudas.

2. Vuelve a las dudosas o sin contestar cuando el tiempo te lo permita.

3. Asegúrate de que comprendes lo que quiere decir el enunciado.

4. No cambies tu contestación a menos que estés seguro que es incorrecta.

REGLAS PARA EXAMENES ESCRITOS O DE DISCUSION

1. Lee detenidamente la pregunta para estar seguro de lo que te pide; ej. compara, describe, explica, etc……..

2. Haz un esquema (mental o escrito) al margen del examen de los puntos que vas a desarrollar en la contestación.

3. Escribe todo lo que creas necesario, cuidandote de no repetir, de no dar rodeos. Ve directamente a tu respuesta.

4. Presenta el examen con escritura clara y limpia.

Si son preguntas para resolver problemas matemáticos escribe las fórmulas, ecuaciones y reglas difíciles de recordar. Si se te dificulta algún ejercicio, pasa al siguiente y regresa más tarde al que dejaste. Sigue todos los pasos necesarios e identifica claramente las respuestas al final.

Finalmente, podemos decir, que prepararse para los exámenes de forma adecuada nos traerá unas ventajas y unas consecuencias……..

Muy Agradables

Calificaciones
Historia - A
Español - B
Geografía - A
Matemáticas - A

www.ingramcontent.com/pod-product-compliance
Lightning Source LLC
Chambersburg PA
CBHW020251290526
45784CB00003B/1197